编委会

磐石铸梦 龙山领航

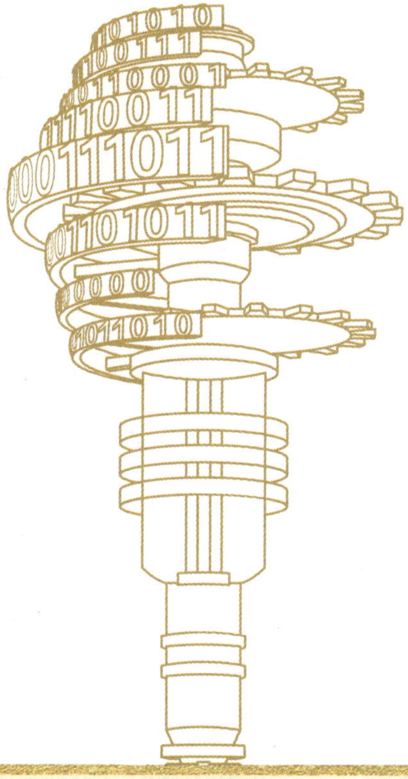

——西南科技大学基层党建创新与实践

杨俊辉◎主编

电子科技大学出版社
University of Electronic Science and Technology of China Press
·成都·

图书在版编目（CIP）数据

磐石铸梦　龙山领航：西南科技大学基层党建创新与实践 / 杨俊辉主编. -- 成都：成都电子科大出版社，2025. 6. -- ISBN 978-7-5770-1684-9

Ⅰ. D267.6

中国国家版本馆 CIP 数据核字第 20257JT361 号

磐石铸梦　龙山领航——西南科技大学基层党建创新与实践

PANSHI ZHUMENG LONGSHAN LINGHANG——XI'NAN KEJI DAXUE JICENG DANGJIAN CHUANGXIN YU SHIJIAN

杨俊辉　主编

策划编辑　高小红
责任编辑　郑宇虹
责任校对　杨仪玮
责任印制　段晓静

出版发行　电子科技大学出版社
　　　　　成都市一环路东一段159号电子信息产业大厦九楼　邮编　610051
主　　页　www.uestcp.com.cn
服务电话　028-83203399
邮购电话　028-83201495

印　　刷　成都市火炬印务有限公司
成品尺寸　170 mm×240 mm
印　　张　16.5
字　　数　240千字
版　　次　2025年6月第1版
印　　次　2025年6月第1次印刷
书　　号　ISBN 978-7-5770-1684-9
定　　价　78.00元

前　言

习近平总书记强调：“加强党对教育工作的全面领导，是办好教育的根本保证。”必须毫不动摇坚持和加强党对高校的全面领导，不断加强和改进高校党建工作，推动高校党建与高等教育事业发展深度融合，确保党的教育政策和党中央各项重大决策部署在高校得到有效贯彻执行。

西南科技大学党委始终坚持以习近平新时代中国特色社会主义思想为根本遵循，认真学习贯彻习近平总书记关于教育的重要论述，坚持党对学校的全面领导，坚持社会主义办学方向，全面落实立德树人根本任务，为党育人、为国育才，全面提升新时代高校基层党建工作水平，构建“三结合”培训体系，推进“六项领航”党建工程，实施“十大育人”行动计划……把党建工作各项要求切实落实到教学、科研、管理、服务全过程，与人才培养、科学研究、社会服务、文化传承、国际交流合作等深度融合，将党的组织力量、组织优势有效转化为学校事业发展的势能，如身使臂，如臂使指，引领学校积极融入国家新一轮西部大开发战略，深度参与成渝地区双城经济圈、国家科技创新先行区和川北省域经济副中心建设，充分彰显高校党建“一融双高”的倍增效应。

2025年6月，西南科技大学第五次党代会召开在即，使命在肩，惟有奋斗。为进一步做好基层党建工作，学校党委现遴选出一批具有代表性的基层党建工作成果，并将其汇编成书。希望借此书出版，进一步汇聚众智、奋楫扬帆，以高质量党建引领推进教育科技人才一体化发展，努力将一个个目标变为现实，将一幅幅蓝图变为实景，奋力书写建设特色鲜明国内一流大学新篇章，为强国建设、民族复兴伟业贡献西南科技大学的力量！

杨俊辉

2025年5月

党建引领　聚智赋能

——西南科技大学党委以标杆化党建引领支撑高等教育事业高质量发展

2024年，西南科技大学的党建工作取得了一张亮眼的成绩单：学校获得5项国家级党建荣誉，包括全国高校党建示范创建和质量创优“标杆院系”“样板支部”“‘双带头人’工作室”等；党支部入选5项教育部“强国行”专项行动，获得1个省级“先进基层党组织”荣誉称号。学校党建“双创”工作取得历史性优异成绩。

这些成绩的取得，是近年来西南科技大学党委贯彻落实习近平总书记重要指示精神——“办好我国高等教育，必须坚持党的领导，牢牢掌握党对高校工作的领导权，使高校成为坚持党的领导的坚强阵地”的生动实践，是以标杆化建设为重要抓手，聚焦“一融双高”，将高质量标准贯穿党建工作各环节、打造引领支撑高质量发展的融合发展体系，形成融合发展倍增效应的积极探索。

近年来，面对新形势下高等教育的新发展、新要求、新挑战，学校党委坚持以习近平新时代中国特色社会主义思想为指导，深入贯彻落实党的二十大精神和习近平总书记来川视察重要指示精神，全面贯彻党的教育方针；不断创新党建工作方法、丰富党建工作载体、凝聚党建工作合力，打造特色鲜明、重点突出、与时俱进的“龙山领航”党建工作品牌，围绕新时代高校党的建设“六个过硬”要求，系统提升“六种能力”，构建“6+6”建设矩阵，引领带动所属二级党组织坚决落实“五个到位”、基层党支部有力推进“七个有力”，形成了系统集成、开放融合、充满活力的党建工作新格局；不断把党的政治优势、组织优势、制度优势转化为推动教育事业发展的治理效能，更好地推动学校高质量内涵式发展，使得学校治理体系不断完善，治理能力现代化水平不断提升。学校在2024年度省属普通本科高校绩效考核中排名上升至第4名。

破思想之冰 聚焦“把方向过硬” 党建强向心力

学校党委以习近平新时代中国特色社会主义思想培根铸魂，聚焦“把方向过硬”，强化政治引领。

一是突出政治引领抓学习，提高领导干部政治水平。学校党委严格落实“第一议题”制度，将习近平新时代中国特色社会主义思想、习近平总书记重要讲话和指示批示精神作为首要学习内容，建立常态化机制，聚焦聚力提升学习质量和水平，让党委理论学习中心组学习成为“学思想、强党性”的主阵地，努力把党委理论学习中心组打造成善于学习示范班、带动事业发展排头兵。学校组建了理论宣讲教授专家团、青年博士团。党委书记杨俊辉同志带头开展党的创新理论宣讲，助力学校师生坚持学思用贯通、知信行统一，把习近平新时代中国特色社会主义思想转化为坚定理想、锤炼党性、指导实践、推动工作的强大力量。

二是突出凝心聚力抓培训，用党的创新理论武装师生。学校党委构建“全员覆盖＋示范引领”“全领域贯通＋分专业突破”“理论武装＋实践赋能”的三结合培训体系，建立“指尖党校”，创新“云中党课”，鼓励“多彩党课”，促进师生党员更加坚定、更加自觉地用党的创新理论和最新成果武装头脑、指导实践、推动工作。学校党员学习教育活动创新模式的相关经验被《光明日报》专题报道，在“学习强国”学习平台推广，获四川教育电视台宣传推介。

三是坚持把牢社会主义办学方向，坚持健全立德树人落实机制。学校党委以落实立德树人根本任务为核心，高质量完成四川省第一批“三全育人”综合改革试点，形成“三全育人”创新链“12345”新模式；深入实施“十大育人”行动计划，实现思政教育“大协同”、育人机制“全贯通”、育人要素“全融合”。学校3个二级学院获批四川省“三全育人”综合改革试点院（系）；学生第二课堂竞赛成绩再创新高，实现中国国际大学生创新大赛金奖的零的突破。学校在《全国普通高校大学生竞赛排行榜八轮总榜单》中位列全国高校第67位、省属高校第2位。学校依托共建与区域产学研联合办学体制，探索协同育人新路径，育人成效持续显现。

破方向之谜　聚焦“管大局过硬”　党建强引领力

学校党委切实履行好管党治党、办学治校主体责任，坚持集中力量办大事。

一是坚持总揽全局、协调各方。学校党委充分发挥党委领导核心作用，强化战略引领与合纵连横，先后实施了《西南科技大学事业发展“十四五”规划和2035年远景目标纲要》《西南科技大学“十四五”和二〇三五专项（专题）规划》等；成立了学校发展战略咨询委员会，聘请了50余位院士专家为学校的发展“诊脉”，“四维共建”办学体制特色进一步彰显。党对统战工作的全面领导进一步加强，充分发挥党外人士在办学治校中的积极作用；不断加强群团组织建设，发挥教代会、工会、共青团、学生会等组织的桥梁纽带作用；持续提升师生幸福感、获得感，扎实开展“我为师生办实事”活动，每年推进完成10件民生实事，切实解决师生急难愁盼问题。

二是坚持高质量党建头雁领航，全面增强党组织的政治功能和组织功能。学校党委鲜明“党建强校”导向，重塑党建工作考核体系，召开党建工作会、调度会；持续推动“书记项目”落实落细，形成领导干部永远在一线、永远在状态、永远在前列的“雁阵效应”；实施“筑基、头雁、赋能、青马、银发、品牌”6项工程，培育了6个学校党建工作标杆单位、9个教师党支部书记“双带头人”工作室、10个党建品牌、21个优秀党支部工作法，形成“一党委一品牌，一支部一特色”党建质量提升工作格局；大力推进党组织规范化、标准化建设，实施党支部创新示范矩阵“10030计划”，以党建创新示范为牵引，助力突破核心任务，实现高质量党建引领高质量发展，一流党建助推“双一流”建设。

三是课程思政和思政课程同向同行，大思政育人新格局不断形成。学校成立了省级课程思政教学研究示范中心，获批29项省级课程思政示范项目、3个省级课程思政标杆院（系）、6个省级课程思政典型案例；以高质量思政教育提升思政引领力，获批1个四川省大中小学思想政治教育一体化基地、5个省级高校思政教育名师工作室、2项教育部思政精品项目、5项省级思政精品项目；资助教师设计思政教学案例500余个，获评5个国家级典型案例、15个省级典型案例；构建起“思政课程、课程思政、专业思政、学科思政”四位一体育人体系。

破规矩之疲　聚焦“做决策过硬”　党建强执行力

学校党委不断健全和强化领导班子议事和决策机制，做到科学决策、高效决策、依法决策。

一是坚持科学决策。学校党委坚持和完善党委领导下的校长负责制，修订完善学校党政会议议事规则，动态优化学校党委常委会、校长办公会讨论决定事项"两张清单"，持续推进规章制度"废改立"；精简学校议事协调机构至47个，全面梳理修订议事协调机构的议事规则；指导各二级学院制定、完善党政议事规则，完善党委统一领导、党政分工合作的协调运行机制。

二是坚持高效决策。学校党委落实督查督办制度，重要决策事项建台账、定期督、及时检、同考核；持续强化内部控制建设，编制学校内部控制手册，全面加强对重要部门、业务、流程、风险的管控；持续推进智慧校园建设，投入运行师生综合服务大厅，完成网上办事大厅流程梳理和流程再造，加快推动师生办事"一站式"服务，1项信息化建设应用项目获评"四川省数字校园应用场景典型案例"。

三是坚持依法决策。学校党委健全依法治校工作机制，全面完成学校章程的修订，带领学校通过"四川省依法治校示范校"复核认定；召开学校依法治校工作推进会，修订《西南科技大学信访工作实施细则》；制定学校规章制度管理办法，以巡视整改为契机，全面清理371项党政规范性文件，废止64项规章制度，共修订或制定88项校级规章制度。

破懈怠之危　聚焦"抓班子过硬"　党建强战斗力

一是注重锻造实干作风，激发担当动力。学校党委落实全面从严治党、党建工作责任制"两清单"，制定校院两级党员领导干部落实党建工作责任"红手册"。按照"对口包联，分层指导"的原则，学校处级以上党员领导干部全部深入基层党支部、学生班级、学生社团等建立联系点。落实党建工作与业务工作"三同步"，推进实施"三培养"，落实领导干部"三带头"，学校各级领导班子形成上行下效、真抓实干的良好风貌。

二是不断深化全面从严治党，护航内涵式发展。学校党委抓牢党委主体责任，强化全面从严治党和党风廉政建设责任传导；制定年度《全面从严治党、党风廉政建设和反腐败工作要点与责任清单》，年初岁末各召开一次全面从严治党工作大会和党风廉政专题常委会，研究部署学校年度全面从严治党工作和总结党风廉政建设工作；深入开展二级单位领导班子及成员述责述廉，压紧二级党组织政治责任，压实二级党组织书记“第一责任人”责任和班子成员“一岗双责”。

三是强化纪委监督专责，筑牢“防火墙”。学校党委精准开展监督执纪问责，抓好廉政风险防控，探索“五融合”工作法，建立“一案五必须”制度；推动学校内部管理改革，提升治理效能，以严实的正风肃纪行动持续涵养清廉的校园风气；构建纪检、审计、财务等多部门联动机制，发挥学校党风廉政建设工作领导小组作用，完善党风廉政建设和反腐败工作体系，构建纪检监察、巡察、审计、计财、组织、人事等大监督格局；发挥巡视巡察利剑作用，抓好省委巡视整改工作，成立校级巡察办，完善巡察制度，加强整改监督，实现以巡促改、以巡促建、以巡促治；加强新时代廉洁文化建设，打造廉政教育基地，共建四川党风廉政建设与治理研究中心，形成了“三大协同”“四维联动”的新时代大学生廉洁教育模式。

破人才之困 聚焦“带队伍过硬” 党建强驱动力

学校党委坚持党管干部、党管人才，突出“育选用管”，深化“引育留用”，激发队伍干事创业激情。

一是坚持党管干部，鲜明选人用人导向，加强干部队伍建设。学校党委构建“三大制度”支撑体系，坚持标准、严格程序，做到选人有“尺度”；完善制度、加强培训，做到管人有“力度”；强化责任、前置提醒，做到监督有“硬度”。开展“龙山干部夜校”系列讲座，聚焦学校改革发展难点、堵点和关键问题，开展“菜单式”辅导，举办“赋能工程”综合能力专题培训班，以“缺什么、补什么，弱什么、强什么”为导向，分层分类精准施训，构建起“双向奔赴”的干部学习体系。深化“德能双育”全链条培养机制，学校党委出台《鲜明选人用人导向加强干部队伍建设十条措施》，搭建干部成长成才三大平台。

二是坚持党管人才，瞄准一流学科建设，实施人才强校战略。学校党委坚持引进与培养并重，深化人事分配制度改革，强化学术团队和学术带头人建设，打造了一支结构合理、素质精良、富有活力、师德优良的高水平师资队伍；有国家自然科学基金A类获得者、国家重点人才计划特聘教授、国家级领军人才“教育部新世纪人才计划”人选、国家级青年人才等高层次人才260余人次，20名教师进入全球前2%顶尖科学家榜单，学校高层次人才集聚效应凸显。

三是坚持党育新人，配齐建强“两支队伍”。学校党委按照“三个一批”的工作思路，加速配齐并建强思政教师和辅导员两支队伍，融合个体成长与团队引领两种途径，坚持对高进、严管、精育、优出四个关键环节进行严格把关；重点加强教授党员、新进教师党员、少数民族学生党员、博士生党员等在不同领域的先进模范作用的发挥；1人获评“全国最美高校辅导员”，2人入选“全国高校辅导员年度人物”；在首届全国思政课教学展示中，我校的获奖总数和等级位列全国第一，思政课团队荣获“教育部高校示范马克思主义学院和优秀教学科研团队”，学校荣获“四川省思想政治理论课建设先进集体”。

破发展之阻 聚焦“保落实过硬” 党建强生产力

学校党委坚持围绕中心、服务大局、系统谋划、整体推进，把党建工作各项要求切实落实到教学、科研、管理全过程和各方面。

一是创新开展“比学赶超”全生态激励模式，推动核心目标任务落地落实。学校党委科学制定《西南科技大学创建世界一流学科建设高校实施方案》，统筹推进学科专业调整优化与二级学院机构改革，通过赛马制系统推进学科分类分级，积极培育人工智能、大数据、区域国别学等战略性新兴、亟需及交叉学科，不断优化学科专业布局，形成学科竞相成长格局；5个学科入选四川省高等学校“双一流”建设贡嘎计划建设学科名单，11个学科上榜2024—2025年度U.S.News世界大学排名，5个学科进入ESI全球排名前1%，其中3个学科进入前3‰；持续推进重大项目和成果培育，累计获得70项省部级及以上科技成果奖励，其中有1项国家科学技术进步奖二等奖、4项国防科技进步奖；累计完成331项科技成果转化，单项专利组合及技术转化实现1000万元突破。2024年，学校科研经费首次突破5亿元，较2020年增长73%。2024年，自然指数在中国内地高校TOP 200中位居第146位、省属高校第1位。

二是以组织力提升为重点，建强堡垒旗帜，为学校发展注入新动力。实施“双带头人”教师党支部书记“强基—提能—攻坚”三年行动计划，抓“头雁领航”，带动“群雁齐飞”；创新党支部培养模式，实施本硕博贯通培养创新党支部“育苗计划”，把党支部建在师生科技创新团队最活跃的细胞上，形成师生共建的党建新模式；开展揭榜攻坚“利刃计划”，聚焦服务国家战略和区域发展能力，培育高质量、标志性科研成果，提升对区域发展的贡献度；组织开展党支部联合共建“联珠计划”，实行“党建+X”的共建模式，鼓励党支部积极开展校内外联合共建，共同推动共建成果落实落地。

三是着力健全师德师风建设长效机制，制定《西南科技大学关于建立健全师德建设长效机制的实施办法》。环境健康与矿山生态修复团队获评“全国高校黄大年式教师团队”，实现我校国家级教师团队零的突破；1个团队获第六批四川省劳模和工匠人才创新工作室，3个团队获第四批四川省教科文卫体系统劳模和技能人才创新工作室；健全“新入职教师培训、数字素养提升培训、骨干教师研修、教学创新高级研修”四位一体的阶梯式成长培训体系，不断提升教师教育教学能力。2021年，学校荣获“全国五一劳动奖状”。近5年来，学校教师在全国高校教师教学创新大赛等教学竞赛中，获国家级奖36人次、省部级奖108人次，位居省内高校前茅。学校进入2024年全国高校教师教学创新100强榜单，位列第51位。

面对“强国建设，教育何为”“强省建设，教育何为”的时代之问，西南科技大学将以服务区域高质量发展为己任，坚持以习近平新时代中国特色社会主义思想为指导，坚持和加强党的全面领导，坚持和完善党委领导下的校长负责制，以高质量的党建工作引领学校高质量内涵式发展；坚持问题导向，积极融入国家新一轮西部大开发战略，深度参与成渝地区双城经济圈、国家科技创新先行区和川北省域经济副中心建设，将教育强国、教育强省建设的新要求、新举措，在西南科技大学统筹好、贯彻好、落实好；将绵阳丰富的科教资源、产教资源和军民融合资源转化为学校人才培养和科技创新的强大优势，努力创建世界一流学科建设高校。

西南科技大学党委组织部

2025年5月

目　　录

一融双高

堡垒旗帜

先锋示范

实践案例

一融双高

地矿基础　非矿特色　生态贯通
——全国党建工作标杆院系的特色发展之路

◎ 环境与资源学院党委

环境与资源学院党委于2024年入选教育部第四批“全国党建工作标杆院系”培育创建单位，成为学校首个获此荣誉的单位。

环境与资源学院有着67年的发展历程，因培养了全国70%的建材地质队长和总工程师，被誉为“中国建材地质队长摇篮”。从1958年部属重庆建筑材料工业专科学校开办的非金属矿床开采专业开始，发展到以非矿开发与环境保护为鲜明特色的标杆院系，环境与资源学院虽然也曾经历招生困境、就业困

环境与资源学院教工合影

境、办学资源困境等，但学院始终坚持党建引领，不断迎难而上，守正创新，在加强国家战略腹地建设的浪潮中，得以焕发生机。2023年和2024年，学院的团队及个人相继获评“全国高校黄大年式教师团队”“国家杰青”等，实现历史性突破。

党建引领　筑基强根
锻造非矿开发与环境保护鲜明特色

随着我国经济社会和高等教育的不断发展，行业类院校在国家高等教育管理体制中普遍划归地方，综合类大学逐渐取代行业类大学，地矿类建筑专业招生一度面临困境。进入新时代后，国家战略资源需求增加，对这类小而精的传统专业的人才需求也日益增强。因此，如何以高质量党建激发办学活力，引领老牌地矿学院扎根西部，服务行业区域高质量发展，探索地矿环境类跨学科复合型人才协同培养新路径，是学院党委着力思考的重大课题。

近年来，学院党委构建党委领导、党政协同决策机制和党建工作机制，把稳事业前进之舵，指导完善基层治理运行范式，以多样化形式成立党支部，把党支部建在专业教研室、科研团队、科研平台上，率先在“全国高校黄大年式教师团队”成立党支部，率先在矿产资源绿色综合利用科研团队成立师生联合党支部。学院党委注重选拔政治素质高、师生威信高、党建及业务能力强的学科带头人、教授担任教师党支部书记，使“双带头人”党支部书记实现全覆盖；注重从优秀辅导员、骨干教师中选拔学生党支部书记，有多位学生党支部书记获得校级“优秀共产党员”、校级“优秀教育工作者”以及校级“十佳辅导员”等荣誉称号。

结合事业发展实际，学院党委围绕三线建设、西部大开发、抗震救灾、脱贫攻坚、乡村振兴等国家重大战略，带领全院师生深耕国家大后方战略腹地，逐渐形成了以非金属矿高教热土奉献西部、服务国家的鲜明特色和优良传统。

在筑牢这一特色根基的基础上，学院党委进一步梳理出“地矿基础、非矿特色、生态贯通”的发展主线，在充分整合中国（绵阳）科技城建设和共建与区域产学研联合办学优势资源的基础上，以不断强化的国家非金属矿产资源开发与环境保护特色，服务西部地区和国家战略需求，成效凸显。

高质量党建引领高质量发展，学院党组织先后获批第四批“全国党建工作标杆院系”培育创建单位、“全国党建工作样板支部”培育创建单位、“四川省教育工作先进集体”、“四川省三八红旗集体”等荣誉称号。

党管人才　榜样示范
培育“全国高校黄大年式教师团队”

学院聚焦探索新形态办学体制和全新拔尖人才培养体系，发挥党管人才的优势，主动响应国家发展的人才需求，实行开放灵活的用人体制，整合校内外优质师资，按照“不求所有、但求所用”“以学定教”“以课聘师”的总体思路，建设了7个创新研究群体，构建了由学术大师、专职教师、双聘教师、外聘教师、企业名师等组成的多元师资队伍，打造了一支师德高尚、业务精湛、结构合理、充满活力的高素质专业化教师队伍。教师立德修身、敬业立学，教书育人呈现新风貌，尊师重教氛围更加浓厚。

2023年，学院的环境健康与矿山生态修复教师团队入选教育部“全国高校黄大年式教师团队”。这是一支德才双馨的一流团队，拥有70余年的厚重积淀。团队以林祥棣院士为楷模，从耄耋专家万朴、张志呈，到花甲学者肖正学、董发勤、张志贵，再到中青年骨干代群威等，一代代教授领衔，带领团队薪火传承，大力弘扬教育家精神，坚守“以开发矿业，保护环境为荣”的初心，坚持“点石成金、变废为宝”的理念，持续打造特色环境健康、矿山/岩溶生态等具有世界级水平的人才梯队与团队品牌。在此影响下，学院逐步形成“人人争做黄大年，全院支部学样板”的积极党建氛围。

思想铸魂 至诚报国
勇担国家急难险重任务

至诚报国，成果丰硕。学院持续保持凝聚力和战斗力，针对国家战略资源安全和生态文明建设需求，在非金属矿综合利用、工业废物资源化、战略资源开发与矿山修复、钙化保育等方向取得丰硕成果。

学院党委始终将党的建设融入国家重大战略需求，融入四川省重大决策部署，融入成渝地区双城经济圈建设，始终坚持把科研创新作为推动学校高质量发展的生命线，强化有组织科研，积极构建党员“1+N”科研项目和成果带动模式，获得2项国家科技进步奖二等奖、31项省部级科技奖、233项授权国家发明专利；在石棉使用安全、九寨-黄龙灾后重建、山区乡村振兴和福岛核安全等方面为国家提供了32份咨询建议。

逆流而上，勇担重任。学院临危受命，完成了世界首例钙华自然遗产地修复工程——九寨沟诺日朗瀑布震后的抢救性生态修复工程，得到了各级领导的高度肯定和联合国教科文组织的高度评价，40余家媒体对这一事件进行了专题报道；学院组织力量，勘查发现了亚洲最大的伟晶岩锂矿床，并攻坚了锂辉石矿浮选分离的世界难题，服务于国家战略资源自立自强；学院牵头主研的防氡防辐射复合体材料，有效解决了困扰我国地下军事设施数年的防氡难题，被国家疾控中心列为应急方案。

“三元”融合 铸魂育人
培养“红专能优”地矿环铁军

思想、精神入脑入心入行。学院牢记“为党育人、为国育才”的使命任务，秉承“团结一心、艰苦奋斗、刚毅卓越、拼搏创新”的精神，创造性地提出了“绿色与生态贯通育人”理念，将习近平生态文明思想和地球系统观融入教学全过程，探索地矿环境类跨学科复合型人才协同培养模式；构建了“课程思政+红色文化熏陶+职业生涯教育”融通的三元融合铸魂育人体系。学院拥有1个省级课程思政教学团队，共建成10门省级一流精品课程/课程思政/金课，创新开展“美丽中国9+N”课程思政模式，极大地推进了习近平生态文明思想与地矿文化精神入脑入心入行。

人才培养结硕果。建院以来，学院培养了16500余名毕业生，他们中间涌现了从地矿艰苦环境中磨炼出来的“硬笔书法第一人”庞中华、“当代著名石油作家”李玉真、“天眼选址人”宋建波、全国劳模陈道前、“青年知识分子的榜样”贺纪弼（解放军总后勤部授）等一大批各行业的先进典型人物；学院先后为中国建材地质总队培养出超过70%的总工/总队长等中坚力量，毕业生扎根西部地区人数超80%。

这些成绩的取得，得益于学院党委始终坚持学科建设的龙头地位，持续推动党建与业务深度融合，强化党建工作与学科建设系统性谋划，一体化推进高质量发展。

学院党委坚持以习近平总书记关于国家能源安全的重要论述精神为指引，对标“新时代素质过硬的急需紧缺矿种地矿铁军”的人才培养需求，按照“人人争做黄大年，全院支部学样板”的工作思路，形成了党委领导运行机制“有引领有深度”、党委政治把关“有平台有广度”、思想政治工作“有品牌有亮度”、基层组织建设“有品牌有精度”、推动事业改革发展“有创新有高度”的特色工作机制，实现学院党建和事业发展“一融双高”。全院师生在学院党委的坚强领导下，勇担使命、大胆攻坚、致力创新、开拓新局，奋力擘画新时代西南科技大学“地矿人”的新画卷。

（代群威　邹高祥）

创新构建“党建+”生态体系 提升“一融双高”发展动能

◎ 材料与化学学院党委

在高等教育改革进入“深水区”的当下，材料与化学学院党委创新构建“党建+”生态体系，坚持以党建引领为核心，推动党建工作与事业发展深度融合，实现“双一流”建设与高质量发展目标，提升“一融双高”发展动能。近3年来，学院党委斩获“四川省先进基层党组织”“四川省‘三全育人’综合改革试点院（系）”“四川省首批高等学校课程思政标杆院（系）”等荣誉，学生党员陈浩荣获全国高校“百名研究生党员标兵”，材料科学、化学ESI排名跃居全球前3‰，材料科学与工程学科成功入选四川省高等学校“双一流”建设贡嘎计划Ⅰ类学科，在党建与事业发展深度融合中走出一条特色路径。

材料与化学学院教工合影

三维联动 织密融合发展组织网

在材料与化学学院的实验室里，学校首个全国高校“百名研究生党员标兵”陈浩正带领团队调试自主研发的微秒级响应热流传感器芯片。作为学生党支部书记，他将“实验室就是阵地”的信念融入科研攻关，带领团队攻克核能材料领域“卡脖子”技术，发表了6篇ESI高被引论文，获得6项授权国家发明专利。

学院党委坚持“2+2+2”三维联动机制，推动党建工作体系更加完善。一维是构建“融入融合机制”“考评激励机制”2项机制，多措并举完善工作机制；二维是压实“党委主责”“基层主抓”2个责任，凝心聚力提升工作水平；三维是锻造“优秀书记”“过硬党员”2支队伍，深度推进“党建+学科”融合工程。在材料学科领域，无机非金属材料党支部积极探索本硕博贯通式党支部发展模式，通过“育苗计划”，实现组织建设与人才培养双螺旋上升。该支部创新“三抓三建育人法”，通过抓主题学习建设思想堡垒、抓梯队特色建设良好学风、抓身份意识建设校园文化，充分发挥党支部在育人过程中的战斗堡垒作用。

“党建+学科”的实践正在结出硕果。聚能育才创新党支部的周元林教授，在2002年得知某涉核单位人员穿戴屏蔽性能较差的手套处理核废物时，深感责任重大。在只有8万元科研启动经费的条件下，周教授克服重重困难，研制出防辐射乳胶手套。周教授在核辐射防护材料领域潜心耕耘20余载，目前有1项由他牵头负责的该领域攻关项目立项经费达3300余万元。材料科学与工程党支部的刘来宝教授，坚守建材特色，围绕恶劣环境军事工程材料、工矿业固废资源化利用、绿色建材等方向开展技术攻关，获得国家级等各类项目经费近2000万元。他的工作室和教学科研团队被四川省总工会命名为四川省劳模和工匠人才创新工作室。目前，学院50%以上的科研团队由党员教授领衔，形成“关键项目党员领衔、核心技术党员攻关、重要岗位党员负责”的生动局面。

凝神铸魂　构建安全育人新范式

走进材料科学基础课堂，省级课程思政示范课程教师马雪正在展示特殊混凝土构件：“这块来自三线建设遗址的样品，不仅抗压强度是普通混凝土的3倍，更承载着建设者‘献了青春献终身’的精神密码。”这样的教学场景，源于学院打造的“精神谱系传承工程”。

学院构建“六个三”课程思政体系，建立多个特色教学案例库，实现省级课程思政从院系、专业、课程、案例到教指委委员、团队的全覆盖。在高分子化学课堂上，黄亚文研究员带领学生还原人工心脏瓣膜材料研发历程，将“卡脖子”技术攻关故事转化为鲜活的思政素材；在元素无机化学课堂专题讨论中，张欢副教授引导学生从讨论我国在稀土领域的成就到领悟“中国稀土之父”徐光宪院士的家国情怀和科学精神，将个人发展与国家命运紧密相连的情怀深植于学生的内心。这种浸润式教育成效显著——近3年来，学院里申请入党的学生数量不断增加，“红色工程师”成为毕业生最珍视的身份标签。

40年育才路走出特色路径。学院坚守育人初心，践行“为党育人、为国育才”使命，已培养1万多名优秀人才，毕业生广泛分布于建筑建材、国防军工等大型央企，以及高等院校、科研院所、党政机关，成为推动行业建设和社会发展的中坚力量。其中涌现出众多杰出校友，如全国劳模谢才龙、李军，全国五一劳动奖章获得者李绍元、程德勇，全国建材系统先进工作者吴宏，在*Nature*和*Science*发文的国家高层次青年人才帅李，深圳机械30年风云人物胡晓峰，四川省优秀企业家许晓英，四川省人大代表陈雪梅等。各级各类领军人才和岗位能手在建材、化学、化工、国防军工等领域默默奉献，彰显着“艰苦奋斗，拼搏创新”的精神品格。

创新突围　锻造科研攻坚硬实力

在环境友好能源材料国家重点实验室里，党员先锋岗的红色标识与扫描电镜的蓝色荧光交相辉映。近年来，该实验团队承担了130余项国家级项目，累计到校科研经费突破4亿元，在国内外期刊上发表了1500余篇高水平论文，获得180余项授权国家发明专利，获得20余项省部级及以上科研奖励，成为“党建+科研”融合发展的最佳代表。

学院党委实施“双带头人”培育计划，建立“揭榜挂帅”攻关机制。通过积极引导教师围绕国家战略需求和学科前沿开展科研工作，鼓励组建科研团队。目前，学院已形成多个特色鲜明的科研团队，在核能利用关键材料、特种能源材料、绿色低碳建筑材料等领域开展深入研究。相关科研团队研制的放射性核废物固化新型材料已在我国核设施退役中得到了应用；开发的聚变靶、物理过程诊断材料已实现了批量供货能力；研制的高强韧可回收聚合物夹持膜已初步实现了对国家某重大工程的进口替代；研制的复合换能薄膜器件已为航天某型号任务批量供货，获得中国航天“优秀供方”荣誉。在科研团队中，党员教师发挥先锋模范作用，勇挑重担，带领团队攻克技术难题，传播党的先进思想，营造积极科研氛围，激励团队成员共同奋进。

学院党委积极搭建科研平台，加强与国内外高校、科研机构和企业的合作交流。目前已建成以环境友好能源材料国家重点实验室和国家绝缘材料工程技术研究中心为核心，多个省部级平台为支撑的科研创新体系。这些平台为教师的科研工作创造了良好条件，吸引了众多国内外优秀学者前来交流合作。学院与中国工程物理研究院、中国空气动力研究发展中心等单位建立了长期稳定的合作关系，共同开展科研项目，实现资源共享、优势互补。学院在科研成果转化方面成效显著，多项科研成果应用于国防军工、建材等行业。

使命担当　谱写社会服务新篇章

在射洪市经开区西部国际技术产业园内，李晶教授带领学院与遂宁市合作的首批专家团队，八年如一日，长期扎根服务于遂宁市锂电产业。学院党委牵头成立党员技术攻坚小组，协调资源推动校企合作。目前，李晶教授所在的企业以高性能磷酸铁锂电池模组产业化技术为依托，在遂宁市最先建成车用动力电池生产基地，已实现年产值超2亿元。

打造“红色智囊团”服务品牌。学院党委秉持服务社会的宗旨，发挥专业优势，积极投身社会服务，为地方经济社会发展贡献力量。学院党委组织教师深入企业和基层，开展科技扶贫与技术服务。刘敬松教授团队研发的耐高电压重频脉冲弛豫铁电介质材料，解决了高电压陶瓷介质材料技术及其器件控制的行业“卡脖子”难题，入选四川省科协“首届科创中国·天府科技云服务大会”重点高新技术推广项目。金波教授团队研制了能量释放速率高、燃烧效率大、低敏感性以及力学性能好的多种复合含能材料，并探索其在微型推进器、固体推进剂以及发射药等领域的实际应用。

科普教育彰显大学担当。为深入贯彻国家关于加强青少年科学教育、提高全民科学素质的号召，学院材料与化学科普团利用科研平台和专业资源，举办了多场科普展览、讲座等活动，普及材料科学与化学基础知识和应用成果。在绵阳东辰国际学校的富勒烯科普讲座上，李鸿波教授以一颗光芒四射的钻石为引，凭借鲜活的图像，为学生们展开了碳家族数千年波澜壮阔的发展长卷，使他们深深领略了碳家族的神秘与奇妙。在“科学家百人千场进校园”科普活动中，王山林副教授围绕仿生超疏水材料举办了10场科普讲座，受益学生近4000人。

通过构建“2+2+2”三维联动机制，这个拥有40年历史的学院，正以“一融双高”的生动实践，书写着新时代高校党建工作的奋进答卷。

（金波　朱永林）

“3532双螺旋”驱动“党建+事业”同竞进

◎ 生命科学与农林学院党委

生命科学与农林学院（原生命科学与工程学院）作为西南科技大学具有80余年农科办学底蕴的二级院系，秉承优良传统，在生物学、农学领域培养出众多优秀人才。近年来，学院党委坚持以习近平新时代中国特色社会主义思想为指导，深入贯彻党的教育方针，聚焦立德树人根本任务，积极探索高校党建与事业发展深度融合的新路径。通过创新性地提出并打造“‘党建+事业’3532双螺旋”党建品牌，学院在党建与事业发展方面取得了显著成效。

生命科学与农林学院教工合影

党建创新引领　品牌建设见成效

"'党建+事业'3532双螺旋"品牌建设的提出，是学院党委对新时代高校党建工作深刻理解和实践探索的结果。该品牌以"三个机制""五个建设""三个工程""两个计划"为核心，旨在通过党建赋能，推动学院事业的高质量发展。其中，"三个机制"包括党的全面领导机制、院系内部运行治理机制、政治审核把关机制，确保学院党委在各项工作中发挥领导核心作用，保证学院发展的正确方向；"五个建设"涵盖组织、制度、队伍、阵地、品牌，全面加强学院党的基层组织建设，提升党组织的凝聚力和战斗力；"三个工程"即党支部建设的堡垒工程、党员模范的先锋工程、党建带群团的凝心工程，旨在打造坚强战斗堡垒，发挥党员的先锋模范作用，引领学院各项事业蓬勃发展；"两个计划"分别是青年师生党员发展的培根计划和师生党员理想信念的铸魂计划，注重从源头上培养党员，强化党员的理想信念教育，为学院的长远发展提供坚实的人才基础。

在"'党建+事业'3532双螺旋"品牌建设的引领下，学院党委狠抓组织建设，筑牢战斗堡垒。通过制定落实党委中心组学习计划、教职工政治理论学习计划，实行学院党委会"第一议题"制度，推动习近平新时代中国特色社会主义思想在全体党员干部和青年师生中入脑入心入行。同时，学院党委坚持民主集中制原则，认真修订落实《生命科学与农林学院党委会议事规则》和《生命科学与农林学院党政联席会议议事规则》，进一步提升决策质量和效率。在党组织建设方面，学院党委配强配齐党政领导班子成员，合理设置教工及学生党支部，教工党支部书记"双带头人"配备比例达100%。此外，学院还严格落实意识形态工作责任制，加强网络新媒体运营管控，牢牢把握宣传思想和意识形态主导权。

立德树人为本　人才培养显特色

在"'党建+事业'3532双螺旋"品牌建设的推动下，学院坚持立德树人根本任务，以强农兴农为己任，致力于培养"知农、懂农、爱农"的时代新人。学院围绕新农科人才培养研究课题，积极申报并获批四川省高校思想政治工作质量提升综合改革与精品建设项目。通过深化教育教学改革，优化人才培养方案，加强实践教学力度，学院的人才培养质量不断提升。

在学科建设方面，学院农学、生物技术专业入选国家级一流本科专业建设点，另有4个专业入选省级一流本科专业建设点。学院致力于打造国家一流课程，其中"植物细胞工程"已获批为国家一流课程。此外，学院的8个教工党支部均立项建设校级课程思政示范课，并获批1门四川省课程思政示范课程。这些举措不仅丰富了课程思政的内涵，也进一步提升了人才培养的质量。

在科研创新方面，学院鼓励学生积极参与科技学术竞赛，通过竞赛提升学生的实践和创新能力。近年来，学生在各类国家级、省级科技学术竞赛中屡获佳绩，展现了学院人才培养的成效。同时，学院还注重加强学风建设，树立良好教风、学风、考风，毕业生的升学率和就业质量稳步提升，毕业生党员就业率持续保持100%。

在师资队伍建设方面，学院党委坚持党管人才原则，积极推进高水平师资引育工程。近年来，学院成功引进了一批高层次人才，为学院的学科建设和科研创新提供了有力的人才支撑。同时，学院还注重加强现有师资队伍能力的培养和素质的提升，通过鼓励教师参加国内外学术交流、合作研究等方式，提升教师的学术水平和创新能力。

助力乡村振兴 服务社会有担当

作为一所具有农科办学特色的高校，学院在服务乡村振兴方面肩负着重要使命。学院党委充分发挥农学学科优势，持续投身乡村振兴事业，通过校地联合党建、科技扶贫项目等方式，为乡村振兴贡献智慧和力量。

学院与布拖县等地建立了长期合作关系，建设了西南科大-布拖现代农牧产业技术研究院和布拖县草业科技小院等平台，为当地农牧产业发展提供了有力的技术支持。同时，学院还帮扶绵阳等市（州）30余个县（市、区），近3年累计实施200余个科技扶贫项目，有效推动了当地农业产业的发展，农民收入也有了提高。

在乡村振兴研究院建设方面，学院积极推进与三台县、梓潼县等地的合作，共建乡村振兴研究院，为乡村振兴提供智力支持和人才保障。同时，学院还立项了2个四川省科技小院，揭牌了1个国家肉羊产业技术体系岗位科学家示范基地，为当地农业产业的发展注入了新的活力。

在服务社会方面，学院充分发挥党员团队的先锋模范作用，积极参与乡村振兴志愿服务技能大赛等活动，获得了8项国家级表彰。同时，学院还通过科技特派团、专家万里行等方式，将农业科技成果转化为现实生产力，为地方经济发展作出了积极贡献。此外，学院还充分利用校友资源，邀请杰出校友返校开展活动，借助央视等平台进行宣传，提升了学院的社会影响力和美誉度。

展望未来，学院党委将继续以党的政治建设为统领，纵深推进全面从严治党工作，坚持不懈地推动党建工作与事业发展“一融双高”。通过持续深化“‘党建+事业’3532双螺旋”品牌建设，不断增强基层党组织政治功能和组织功能，以高质量党建提升基层治理整体效能。同时，学院党委将继续秉承立德树人根本任务，加强人才培养和师资队伍建设，推进学科建设和科研创新，为学院的高质量发展提供坚强政治保证、思想保证和组织保证。在新的历史起点上，学院党委将团结带领全院师生员工，攻坚克难、创新发展，为培养更多“知农、懂农、爱农”的时代新人，为推动农业现代化和乡村振兴事业作出新的更大的贡献。

（郑祥江）

“党建+”赋能极限制造 工匠精神驱动创新发展

◎ 制造科学与工程学院党委

制造科学与工程学院是学校重点建设的工科学院之一，依托中国（绵阳）科技城的区域优势，学院聚焦先进装备设计与制造领域，培养工程技术人才。学院注重产学研结合，与地方产业及科研机构广泛合作，在党建引领下，深度融合新时代党的创新理论与制造业发展前沿，形成了具有特色的发展模式。

制造科学与工程学院与国机重装战略合作协议签约仪式

党建引领学科前进之路

学院党委瞄准绵阳市广泛的军工需求，以及德阳市重装行业的产业需求，结合国家制造强国战略和四川省“5+1”现代产业体系，确定了极限制造的学科建设思路，面向国家重大工程的超大型装备制造（极大/极端制造）和代表科技发展前沿的超精密制造（极小/超精制造）开展研究，将机械工程学科建设成为以极限制造为学科特色、服务区域经济建设的优势学科。

学院党委组建由党委委员、教师党支部书记等党建骨干领衔的高水平科研团队，统筹实验室、校企合作项目等资源，通过党组织协调，推动跨学科团队联合攻关。

2023年，制造过程测试技术教育部重点实验室顺利通过周期评估。学院与国机重型装备集团股份有限公司签订了战略合作协议，成为四川省先进机械制造技术创新中心的成员单位，获批了四川省重型装备智能制造产业学院。以天府湖实验室和太行实验室为牵引，学院积极开展与东方电气集团、中国航发四川燃气涡轮研究院的战略合作，深化拓展与中国工程物理研究院、中国空气动力研究与发展中心等单位的合作共建。学院与国机重型装备集团股份有限公司博士生联合培养项目入选四川省首批工程硕博士校企联合培养试点项目名单，标志着学院培养面向国家重大需求的人才的构想迈出了实质性步伐。

学院微纳仿生制造团队党支部入选全国高校“双带头人”教师党支部书记“强国行”专项行动团队。学院党委充分发挥教师党支部书记在教学科研工作中的先锋模范作用，使其成为广大教师的主心骨。

教学筑基　人才聚力

学院党委落实立德树人根本任务，持续推进3个国家级一流本科专业、2个新工科专业建设，将课程思政与课堂教学深度融合，在多门专业课程中融入工匠精神、创新驱动等思政元素。例如，通过案例教学展示中国商飞C919的智能制造技术，强化学生使命感。

2024年，学院机械设计制造及其自动化专业第二次通过了工程教育专业认证，“‘人工智能+’协同促进机械类研究生培养模式创新”获得四川省研究生教育教学改革重点项目支持，“金属塑性成型原理”与“机械原理及机构仿真”两门课程获得四川省普通本科高等学校首批高阶课程立项，4名教师分获第七届四川省高校青年教师教学竞赛二等奖以及第四届全国高校教师教学创新大赛四川省三等奖，学院与绵阳市涪城区共建智能制造工程师培育基地。

学院党委坚持党对人才工作的全面领导，加强对人才工作的政治引领，引一流人才，育青年骨干，努力构建具有竞争力的学科人才队伍。学院领导班子制定《制造科学与工程学院博士人才引进伯乐奖实施办法》《制造科学与工程学院青年教师科研能力提升计划》；带队前往重庆大学、大连理工大学开展人才招聘专场宣讲活动，不断挖掘和拓展引才渠道；组织青年教师前往厦门大学、上海交通大学参加教师教学科研能力提升班；成立青年教师联谊分会，打造教师教学竞赛品牌；在新聘期中，推进健全人才保障制度，部分资源向青年博士倾斜，低职高聘了10名青年博士。

2024年，学院新进8名博士，特聘教授庄茁当选为欧洲科学与艺术学院院士，获校级教学创新团队特等奖及校级虚拟教研室、教职工创新工作室、“青年文明号”等称号各1项。

科研突破　服务社会

学院党委坚持面向国家重大战略需求，面向社会经济主战场，在绵阳科技城建设的时代浪潮中，因地制宜发展新质生产力。学院党委深入贯彻落实党的二十大精神和习近平总书记对四川工作系列重要指示精神，认真学习《中共四川省委关于以发展新质生产力为重要着力点扎实推进高质量发展的决定》，根据科技创新趋势，优化学科设置、人才培养模式，优化学科专业和资源结构布局。

学院党委组织团队，在“智改数转”、人工智能、航空航天航海、先进装备、激光技术应用等领域重点开展研究，坚持“四个面向”，积极探索将数学、物理学、化学、材料学、力学、医学、计算机科学等基础学科和新兴学科的最新研究进展，同机械工程学科的传统研究领域、现代制造业的发展趋势紧密结合。

学院党员团队牵头承担了“多材料激光复合喷涂高速沉积技术及应用基础研究”“面向高端装备制造的高稳定长寿命RMT精密减速机国产化研发”“航体模型发射系统研制”等重点研究项目。2024年，学院立项数量和到账经费额度均创学院历史新高。学院教师发表56篇“三高”学术论文，其中包括1篇*Nature*子刊、2篇ESI高被引论文、2篇封面论文；获批1个四川省科技厅自然科学基金创新研究群体、1项四川省杰出青年基金。

特色党建　赋能发展

学院党委切实履行党建工作主体责任，创新学习载体，增强师生党员理论学习的政治自觉。落实学院党委会“第一议题”制度，常态化学习习近平新时代中国特色社会主义思想，及时跟进学习习近平总书记系列重要讲话和指示精神；制定二级党组织理论学习中心组学习计划，结合工作需要和个人实际，明确目标任务。围绕明确的主题，学院班子成员认真撰写发言提纲，积极参加研讨交流，确保研讨有深度、有质量、有收获。

2024年，按照学校党委要求，学院党委扎实开展党纪学习教育，切实加强党员思想教育，发挥党员干部的模范带头作用，邀请专家做关于《中国共产党纪律处分条例》学习解读的讲座，带领党员赴川北监狱开展“以案为鉴”廉政警示教育，积极整改学院陈旧设备采购项目，避免国有资产流失或继续闲置。

学院党委扎实推进党支部标准化规范化建设，优化党支部架构，提高基层党组织的凝聚力和战斗力。2024年，学院党委充分利用红色资源、科创资源、文化资源等，组织师生党员前往中国“两弹城”、建川博物馆、中国（绵阳）科技城等地开展活动，参与人数覆盖3000人次。

学院党委积极加强校企合作，增进资源共享和人才、技术交流，以产学研多元多方协同育人为突破口，积极推进学院融入新质生产力发展，切实把思想政治教育和理论学习与科学研究、服务地方、学生就业等有机结合起来。2024年，学院党委带队赴东方电气集团东方锅炉股份有限公司、国机重型装备集团股份有限公司、德阳高端装备智能制造创新中心、绵阳市五八机器人科技有限责任公司等地开展10余次调研，与绵阳市涪城区、游仙区等地方政府相关部门积极洽谈合作事项，与四川工程职业技术大学智能制造产业学院、德阳天元重工股份有限公司等签订党支部共建协议。

学院通过党建引领，构建了“政策引导—教学创新—科研突破—产业服务”的全链条发展模式，成为四川地区人才培养与技术创新的重要力量。“风劲帆满海天阔，俯指波涛更从容。”在学校党委的领导下，学院以极限制造为特色的机械工程学科建设，将会在更高维度、更广范围、更深层次汇聚力量，凝聚共识，勇攀高峰，奋力谱写一流学科建设新篇章。

（冉杨君　李燕平　宋丹路）

擦亮“军工红”
构筑军民协同育人新高地

◎ 国防科技学院/核科学技术学院党委

国防科技学院/核科学技术学院，这个由四川省人民政府和国家国防科技工业局共建的学院，自2006年成立以来，始终肩负着为国防科技工业提供人才支持与技术保障的重要使命。作为贯彻落实国家西部大开发和建设中国（绵阳）科技城战略决策的重要一环，学院党委始终坚守“立德树人，格物安邦”的育人理念，不断探索党建创新与实践的新路径，奋力开启学院高质量发展新征程。

国防科技学院/核科学技术学院主题活动合影

党建引领 创新驱动
打造基层党建新典范

国防科技学院 / 核科学技术学院党委高度重视党建工作，将其视为推动学院各项事业发展的核心动力。学院党委申报的“引育并举汇聚人才，持续推进师资队伍建设”项目入选学校首批基层党建“书记项目”。教工第三党支部更是脱颖而出，于2024年成功入选教育部“全国党建工作样板支部”培育创建单位，并获批全国高校“双带头人”教师党支部书记“强国行”专项行动团队。此外，该党支部还先后获批四川省高校“双带头人”教师党支部书记工作室、四川省五一巾帼创新工作室。学生第三党支部和军工信息技术创新实践班党支部也表现不俗，入选校地共建“联珠计划”，为学院党建工作注入了新的活力。

在党建引领下，学院党委始终坚持党管人才原则，将人才引领发展的战略定位置于学院发展全局的核心位置。学院通过实施“国家级人才托举计划”“教学名师筑梦计划”“辅导员队伍星火计划”三大工程，构建起全方位、多层次的人才发展体系。学院党委还注重强化思想政治引领，分层分类做好人才培育工作，充分发挥党员的模范带头作用，以点带面，激发全体人才的创新活力与进取精神。

人才培养 红色军工
谱写军民融合新篇章

人才培养是学院的根本任务。学院党委不断强化军民协同育人的办学特色和红色军工文化育人的思政特色，构建了独具特色的红色军工文化协同育人机制。这一机制实现了全方位、多层次的育人资源整合，为学生的成长成才提供了坚实的保障。

学院组建了西部地区唯一一支大学生预备役大队，并建成四川高校唯一一个军工文化爱国主义教育基地。这些平台激发了学生的使命感与责任感，他们在各类活动中取得了显著成绩。例如，学院多次代表学校获得教育部关工委举办的“读懂中国”活动“最佳征文奖”，并受邀参加中国教育电视台全国展播。在科创育人方面，学院近5年获得80余项国家级奖励、150余项省级奖励。2024年，学院学生竞赛获奖更是实现了高教主赛道、红旅赛道、产业命题赛道全覆盖。

学院还积极为国防军工行业输送高素质人才。19年来，学院共计为国防军工行业输送了957名“下得去、干得好、留得住”的高素质国防军工人才。这些毕业生在行业一线中涌现出一批优秀代表，如“彭士禄核动力创新青年人才奖”获得者、阳江核电厂首批高级操作员等。在第三方用人单位调查中，毕业生受到的评价普遍为：基础扎实、甘于奉献，综合素质高、创新能力强、适应现场快、发展后劲足。

科研攻关　榜样示范
激发组织发展新动能

在科研攻关方面，学院党委坚持以邓稼先等老一辈科学家为楷模，弘扬传承“两弹一星”精神。这一精神引领带动了一大批党员专家扎根绵阳，积极投身国防科技事业。

全国党建工作样板支部书记聂小琴及其团队在医用同位素处理方面取得了突破性成果。他们研发出一体化内胆式处理系统，实现了碘-131、镥-177等关键医用同位素在人体排泄液中的高效分离。这一成果将核医疗废液的处理时间由原来的180天缩短至1天。这一突破性进展作为四川省科技创新典型事例被多家媒体专题报道。

四川省党代表、党支部副书记朱琳教授及其团队围绕乏燃料后处理和放射性碘处理方面存在的科学难题展开了深入研究。他们研发的新型放射性碘吸附、过滤材料已被遴选为我国乏燃料后处理碘处理备选的关键材料，为我国乏燃料后处理提供了具有工程应用价值的技术储备。

教工第二党支部书记何毅及其团队和军工信息技术创新实践班党支部书记任珍文及其团队也在各自的研究领域取得了显著成果。何毅团队创新地建立了通用的光散射成像新方法，为动态、实时、统计学上理解分离材料的反应机理和构效关系提供了先进技术。任珍文团队则构建了受限环境下多模态数据处理关键技术体系，解决了武器装备光电探测识别面临的难题，其核心成果被中央电视台军事频道报道。

志愿服务　传承文化
展现青春新风采

在志愿服务方面，学院党委同样不遗余力。由学生党员和学生骨干组成的“心锚”学生志愿服务团队以“核工行、军工情”为主线，沿着老一辈科学家的奋斗足迹，深入企业基地学习，参观主题展馆，进行实地考察和调研访谈。他们深刻领悟“两弹一星”精神的内涵与价值，亲身感悟中国式现代化的伟大实践。

这一团队连续两年入选全国大学生“两弹一星”精神志愿宣讲团，并获得了胡思得院士的亲自授旗。他们的志愿服务活动也受到了中国青年志愿者官方微信公众号、“学习强国”学习平台等媒体的广泛报道。2024年，“心锚”团队被评为四川省暑期“三下乡”社会实践活动红色教育实践省级重点团队，其孵化项目在中国大学生创新创业大赛红旅赛道中获得省级金奖。这些荣誉充分展现了该团队在传承红色文化与创新创业方面的卓越成效。

站在新时期，立足新起点，学院党委将继续坚持以习近平新时代中国特色社会主义思想为指导，立足中国（绵阳）科技城，传承红色基因，充分发挥共建与区域产学研联合办学的体制优势，持续推动党建与业务深度融合。学院将通过高质量党建引领推动学院高质量发展，带领全院师生守正创新、攻坚克难，在新征程中彰显党建新作为。

未来，国防科技学院/核科学技术学院将继续秉承“立德树人，格物安邦”的育人理念，不断深化教育教学改革和科研创新实践，致力于培养更多具有家国情怀、创新精神和实践能力的国防科技人才，为国防科技工业的发展贡献更多智慧和力量。同时，学院也将进一步加强与地方政府和企业的合作与交流，推动产学研深度融合和协同创新，为区域经济社会发展作出更大贡献。

（朱玉颖　員朝乐）

“红育栋梁”聚发展合力

◎ 土木工程与建筑学院党委

土木工程与建筑学院党委以“红育栋梁”党建品牌建设为牵引，以“三全育人”模式为抓手，突出“组织优化、机制创新、治理提升”三大着力点，将党建优势转化为发展势能，在服务国家战略需求、落实立德树人根本任务中实现高质量发展与高水平治理互促共进。

土木工程与建筑学院深入学习贯彻习近平新时代中国特色社会主义思想专题培训班合影

近年来，学院先后荣获“四川省高校党建工作样板支部”培育单位、“绵阳市十佳志愿服务组织”等多项荣誉。学院教师队伍中涌现出以全国教育系统抗震救灾先进个人、全国高校辅导员年度人物、四川省优秀教师、四川省抗震救灾先进个人、四川省十佳辅导员、四川省优秀党务工作者、四川省脱贫攻坚专项记功获得者以及全国徐芝纶力学优秀教师等为代表的优秀教师群体。同时，学院有20余名教师入选四川省学术和技术带头人、四川省有突出贡献优秀专家等，拥有1个四川省青年科技创新团队、1个四川省辅导员工作室。

构建党建领航体系　锚定高质量发展方向

学院党委以制度建设为抓手，构建了“党委引领—支部主攻—党员带头”三级联动机制，确保党建工作与中心工作深度融合，为学院高质量发展提供了坚强的政治保障。

学院党委制定了“三全育人”实施方案，修订了学院的《党支部考核办法》等制度文件，并严格执行学院党委会“第一议题”制度，定期召开党政联席会议，将党的建设写入学院事业发展规划。同时，学院党委还召开专题会议，研究“双带头人”培育、课程思政建设等重大议题，推动党建工作贯穿教学、科研、社会服务全过程。

学院党委在学院内部全面实施“党支部强基计划”，通过把党支部建在学科链上、产教融合党支部共建、师生联合党支部创优等方式，激发基层党组织活力。学院党委汇聚了包括教学名师、青年教学之星、一流课程负责人等在内的优秀党员教师，组建了星火创新教育教学团队党支部，积极推动专业建设与人才培养建设。同时，学院与中建西南院、中国五冶等企业建立联合党支部，在教学大纲修订、人才培养、科学研究等多个环节与其同频共振。此外，学院还积极申报学校特色党支部建设项目，组织开展形式多样的志愿活动和微党课，荣获教育部办公厅颁发的全国高校“两学一做”支部风采展示微党课特色作品奖。

深化“三全育人”改革　构建特色化培养体系

学院党委聚焦新工科人才培养需求，形成了以抗震救灾精神、三线建设传统为特色的育人实践体系，为培养德智体美劳全面发展的社会主义建设者和接班人提供了有力支撑。

学院制定了《土木工程与建筑学院课程思政建设实施方案》，深入挖掘专业课程中的红色元素与行业精神，将思想政治教育融入专业课程教学中。如在“建筑结构设计”课程中融入九寨沟震后生态修复案例，在“建筑材料”实验课程中讲述清华大学绵阳分校的师生攻克特种水泥技术的历史。这些举措有效提升了学生的专业素养并让学生厚植家国情怀。在全院师生的不断努力下，学院获批1门四川省线上课程思政示范课程，以及共10余门校级精品课程、课程思政示范课程。

学院搭建了形式多样的实践育人平台，包括抗震救灾实践平台、乡村振兴服务平台等，鼓励师生党员积极参与金沙江堰塞湖灾损调查、道路抢通及灾后恢复等工作，为抗震救灾贡献智慧和力量。同时，学院还在凉山州8个县开展农房安全改造技术培训，受益农户超3000户，为乡村振兴贡献了土建力量。

学院以春晖支教服务团、青年志愿分队等团队为载体，积极投身社会服务，吸引了1万余名学生参与到关注弱势群体、服务社会的活动中来。其中，春晖支教服务团连续多年开展边远山区支教活动，荣获“绵阳市十佳志愿服务组织”以及“全国大学生暑期‘三下乡’社会实践优秀团队”等称号，并获得第五届四川省青年志愿服务大赛银奖。

聚焦战略需求　打造科技创新与社会服务高地

学院党委将服务国家战略作为使命担当，推动科研成果转化为现实生产力，为经济社会发展作出了积极贡献。

近年来，学院教师承担了500余项纵横向项目，其中有40余项国家级项目；获得20项省部级奖、6项成果评价、50余项授权国家发明专利、30余项软件著作权；共编写出版40部教材、专著，参编23部国家、地方标准。学院组建党员骨干科研团队，围绕国防军工、川藏铁路、四川山区防灾减灾等重大需求开展攻关，取得了一系列重要成果。在国防军工领域，学院科研团队重点突破了航空发动机气动稳定性综合设计与试验技术等关键技术；在川藏铁路领域，解决了高烈度地区铁路站房大跨度空间抗震结构施工关键技术等难题；在四川山区防灾减灾领域，学院科研团队研发的高烈度地震区建筑安全评估技术应用于雅安、泸定等地震灾区，为防灾减灾提供了有力支持。

学院党员教师积极参与地方标准编制、城市更新行动方案制定等工作，为地方经济社会发展提供了智力支持。同时，学院党员教师还主持了多项研究项目，如“川西北传统村落保护技术体系研究”等，为传统村落保护和文化传承贡献了土建智慧。

激发内生动力　提升治理效能

学院党委注重机制创新，通过构建协同育人机制、完善考核评价体系等方式，激发内生动力，提升治理效能。

学院建立了“辅导员+班导师+专业教师”的协同育人团队，将参与学生竞赛指导、社会服务、就业指导等纳入绩效考核。这一举措有效提升了学生的综合素质和就业竞争力。近年来学生在全国各类科技文化活动竞赛中的获奖率逐年攀升，升学率和一次性就业率均明显改善。

学院注重完善管理工作流程，加强制度“废改立”工作，不断完善考核评价体系。学院修订了教研室（实验室）以及行政科室考核实施细则等制度文件，聚焦学科专业建设和学院事业发展规划目标，重点考核重点工作任务和工作成效。这一举措有效提升了学院的管理水平和教职工的工作效率。

站在新的历史方位上，土木工程与建筑学院党委将以永不懈怠的精神状态和一往无前的奋斗姿态，奋力书写党建引领高质量发展的新时代答卷。学院党委将坚持党的全面领导，加强党的建设各项工作，为学院事业高质量发展提供坚强保障。同时，学院还将坚持以立德树人为根本任务，深化教育教学改革，培养更多德智体美劳全面发展的社会主义建设者和接班人。此外，学院还将坚持服务国家战略需求导向，加强科研攻关和智库建设，为经济社会高质量发展作出更大贡献。

（叶中俊）

铸魂育人　一马当先
以党建品牌引领学院发展

◎ 马克思主义学院党委

马克思主义是我们立党立国的根本指导思想，马克思主义学院是学习研究宣传马克思主义的主阵地，思想政治理论课是马克思主义学院坚持用习近平新时代中国特色社会主义思想铸魂育人的主渠道。近年来，马克思主义学院党委着力凝练和培育“铸魂育人　一马当先”党建特色品牌，坚持推动党建工作与思政课建设、学术研究、人才培养等深度融合，促进教学质量、科研水平、育人成效、理论宣讲和服务能力全方位提升，以高质量党建引领学院高质量发展。学院党委先后获评“西南科技大学先进基层党组织”“西南科技大学首批‘双创’党建工作标杆单位”“绵阳市基层党建‘3+2’书记项目示范党组织”“四川省委教育工委先进基层党组织”。2021年，学院入选“四川省高校党建工作标杆院系”培育单位。学院是首批四川省高校骨干马克思主义学院、四川省高校思想政治理论课建设先进集体、四川省模范职工小家。

理论武装领先　筑牢思想根基

学院党委坚持以夯实理论基础、筑牢思想根基为重点，大力实施“理论武

马克思主义理论学科支撑思政课高质量发展座谈会

装”铸魂工程，组织师生党员深入学习党的创新理论、重要会议精神、重大决策部署等内容，通过集体学习抓住重点、党支部学习注重日常、实践学习锤炼党性、研究学习加强阐释、宣讲学习深入基层等多种形式，坚持用习近平新时代中国特色社会主义思想武装师生头脑；广泛开展“大学习”“大宣讲”“大研讨”活动，举办思政课教师专题培训，组织教师假期实践研修，举办党支部理论学习培训示范班，实现思政课教师专题培训全覆盖、教师理论学习培训全覆盖、支部党员培训全覆盖。学院党委坚持将学习党的创新理论与加强师德师风建设有机结合，着力建设一支政治强、情怀深、思维新、视野广、自律严、人格正的思政课教师队伍。

铸魂育人率先　打造“科技+大思政课”

学院党委牢牢把握“培养什么人、怎样培养人、为谁培养人”这个根本问题，坚持将党建领航与坚持用习近平新时代中国特色社会主义思想铸魂育人有机融合，聚焦课堂教学主渠道，依托中国“两弹城”和中国（绵阳）科技城“大思政课”实践基地，突出国防军工特色文化资源赋能“科技+大思政课”，着力打造新时代思政“金课”，不断增强思政课的思想性、理论性和思政教学的亲和力、针对性，扎实推进习近平新时代中国特色社会主义思想进教材、进课堂、进头脑，引导学生坚定“四个自信”。近5年来，学院获批2门国家级一流课程、8门省级一流课程、3门省级课程思政示范课程；荣获1个省级课程思政示范团队，获批2个省级思政课教师名师工作室、1个教育部示范马克思主义学院和优秀教学科研团队建设项目；在教育部组织的前三届全国高校思政课教学展示活动中1人获特等奖、6人获一等奖、1人获二等奖，获奖等次、数量位列全国高校前列；获10项省级教学成果奖、11项校级教学成果奖。《中国教育报》以《西南科技大学：用活专业资源打造思政“实践金课”》为题，对学院建构的“2234”思政课实践教学模式进行了深入报道。《教育导报》、党建网等媒体以《西南科技大学：让思政教育走出课本，走进学生心里》等为题，对学院的教学改革成果进行了宣传。

队伍建设优先　以党员先锋示范

习近平总书记强调："办好思想政治理论课关键在教师。"学院党委坚持党管人才原则，持续推进教师"强化政治坚定力、坚持思想引领力、提升教学吸引力、夯实学理穿透力、发挥人格感召力"的先锋五力活动，深入实施"师道提升、师途帮扶、师能助推、师楷塑造、师绩展示"的五师工程，打造了一支政治过硬、素质优良、富有活力的高素质人才队伍。在学院专职教师队伍中，有2人获评"全国优秀教师"，1人获评"全国高校思政课教学能手"，2人获评"四川省大学生思想政治教育先进工作者"，1人获评"四川省教书育人名师"，1人获评"四川省'四有'好老师"，1人入选全国高校思政课教师年度影响力提名人物，3人入选四川省学校思政课教师年度人物及提名，1人入选享受国务院政府特殊津贴专家，2人入选四川学术与技术带头人，8人入选四川省学术和技术带头人后备人选，2人入选四川省高校思政课教师择优资助计划，5人入选四川省高校思政课教学指导委员会委员。《中国教育报》在头版以《西南科技大学打造思政教育"两支队伍"：让理论从"本本"中走出来》为题，对学院的教学改革工作进行了深度报道。

研究阐释争先　推动学科建设提质

马克思主义理论学科是学校重点建设学科、博士点培育学科。围绕生态文明与城乡发展、四川红色文化与青少年思想道德建设、中国共产党执政史与执政经验等研究领域，学院党委充分发挥各党支部的战斗堡垒作用，将党支部建设与攻坚克难提升学科建设水平相结合，组织深入开展马克思主义基本理论与重大现实问题研究，取得了一批具有较大影响力的学术成果。近5年来，学院教师立项9项国家社科基金项目、30余项省部级科研项目；获得20余项省市级科研成果奖，其中包括7项省部级科研成果奖；出版20余部专著，在《马克思主义研究》《马克思主义与现实》等刊物上发表200余篇学术论文，其中有22篇论文被《新华文摘》、人大复印报刊资料全文转载。学院获批1个四川省高水平社会科学团队。在全国第五轮学科评估中，学院马克思主义理论学科均位列C档，是学校唯一上榜的学术型人文社会学科。在软科中国大学排名中，学院马克思主义理论学科始终位列前45%。

学院坚持开放发展，分别与四川省社科联、四川省社科院共建马克思主义理论学科；分别与中国社科院马克思主义研究院、绵阳市委宣传部签署共建马克思主义学院协议；与四川“两弹一星”干部学院共建四川“两弹一星”研究院，在实践基地、研究平台、研究智库等方面实施共建，推动学科发展。

宣讲传播抢先　创新载体赋能

学院党委积极构建以党的创新理论宣讲团为主体，马克思主义在四川的传播与实践教育基地、地方干部培训、党建创新实践基地、学术讲座等四大载体为轴心的“一主四轴”理论宣讲体系，多维联动创新搭建宣讲传播载体，及时将党的创新理论、党史党建、时事政治等在校内外广泛宣讲。学院党委注重充分发挥四川省大中小学思想政治教育一体化基地——马克思主义在四川传播与实践教育基地的理论传播、党员党性教育等功能，吸引了绵阳市及周边地区的党员干部职工多次到基地参观学习；西南科技大学党员干部群众，包括学校“两委”委员、各二级党组织以及广大基层党支部等纷纷到基地开展党性教育活动。学院党委成立党的创新理论宣讲团，50余人次入选省委宣讲团专家库及绵阳市委宣讲团、西南科技大学宣讲团，到地方政府部门、企事业单位开展300余场次各类理论宣讲；积极承接地方干部培训，在绵阳市、南充市、攀枝花市、凉山州等地共举办37期干部培训班，3500余人次参加培训；推动理论传播与基层党建深度融合，与绵阳市游仙区及涪城区、北川羌族自治县、广元市青川县等地的乡镇党委共建9个“流动党校”、3个党建创新实践基地，开展了“校地结对建党校，村民在家上大学”系列理论传播创新活动。党建网和《光明日报》分别以《西南科技大学送党课下乡，让基层党员“上大学”》《一堂党课的多种打开方式》为题进行了深度报道。流动党校建设更是被中央广播电视总台进行专题报道。

展望未来，马克思主义学院党委将继续坚持以党的政治建设为统领，强化宗旨意识，担当作为，创新基层党建工作，充分发挥好党支部的战斗堡垒作用和党员的先锋模范作用，推进学院高质量发展。在高质量党建的引领下，马克思主义学院必将以更加昂扬的姿态、更加扎实的步伐，迈向更加辉煌的未来。

（余　辉）

以体为本　一主两翼
走出体教融合发展新路径

◎ 体育与健康学院党委

新时代，高校体育肩负人才培养、服务健康中国战略的重要责任。体育与健康学院党委积极探索党建与体育事业深度融合、以高质量党建引领高质量发展的思路方法和实践路径。在党建引领下，学院党委带领全体教职员工守正创新，以体育学科建设为龙头，融公共体育课程教学、本科人才培养、专业硕士培养及运动竞赛为一体，助力学校“双一流”建设。学院社会体育指导与管理

体育与健康学院教工合影

专业获省级“一流专业”、省级“示范专业”称号，毕业学生获社会认可度高。同时，学院面向人民生命健康，依托“健康中国，体育为民”党建品牌，发挥体育学科和专业人才优势，大力开展体育为民服务，助力健康中国建设。

党建铸魂 引领方向

为凝聚党建力量，充分发挥党建引领作用，学院党委以党建引领业务、党建与业务深度融合为目标导向，创新组织架构，在三个教研室分别成立党支部，党支部书记均由业务能力突出、具有高级职称的教师（双带头人）担任。其中，两位党支部书记同时兼任教研室主任，实现了党建与业务工作的双重引领。该举措有效促进了教研室党建工作与业务工作在目标导向上的深度融合、资源配置上的有机统一，推动支部党员将发挥党员先锋模范作用与业务开拓创新紧密结合，形成党建与业务互促共进、协同发展的良好局面。

自各教研室成立党支部以来，党支部书记充分发挥“双带头人”的先锋模范作用，带领全体党员和教职工积极投身学校和学院高质量发展，在学科建设、人才培养、教学科研、社会服务等各方面努力深耕，取得显著成效。

学院党委建立健全党建与事业发展同谋划、同部署、同推进、同考核的制度机制，严格执行党委会议议事规则和党政联席会议议事规则；在人才引进、职称评定、绩效考核等关键环节，突出政治标准和党建工作表现；严格执行民主集中制，在学院重大事项决策前，充分征求师生党员意见，开展民主协商；在公共体育课程改革中，针对课程内容、教学方法等问题，组织师生党员座谈会，广泛收集意见和建议，最终形成既符合教育教学规律又满足学生实际需求的改革方案，受到师生一致好评；持续推进基层党组织标准化、规范化建设，党员干部发挥先锋模范作用，带头落实各项决策部署，确保改革措施落地见效。

优化课程　同心同向

在“一融双高”理念的推动下，学院在立德树人、社会服务、人才培养等方面成绩斐然。

学院党委坚持党建引领，确立“以体为本，健康第一”的育人理念。为适应高校体育课程改革要求，结合“一会两熟练”（即大学生在校期间学会太极拳，并熟练掌握包括游泳在内的两项运动技能）的课程目标，学院党委创新理念，发掘体育的文化内涵，鼓励推动党员教师带头构建“课程思政+运动项目”的二元融合铸魂育人体系，将党建元素融入体育教学和训练，培养学生的爱国主义精神、团队协作能力和顽强拼搏的意志品质。

学院党委积极推进“三全育人”试点学院建设，落实教学、管理、服务等制度，确保体育教育人人有责、人人有为。在体育教学组织方面，以运动技能教学为核心，以合理的运动负荷、增强体质为原则，将体育理论贯穿于运动技能教学实践，融体育知识传授、运动能力培养、素质教育为一体，真正践行“教书育人、健康第一”的体育教学指导思想；在教学管理、场地使用、器材借用等方面广开宣传渠道、加强智能化管理，努力做到以师生为本，不让师生多跑一趟。依托党建品牌，构建由分管领导牵头，教务部门、学工部门与各学院协同发力的齐抓共管工作机制，合力助推学生体质健康水平提升。通过实施将长跑纳入体育成绩考核、优化全员竞赛体系等举措，保障每个学生每天1小时的体育锻炼时间。目前，全校3万余名本科学生，体质健康测试参测率与合格率均超95%，优良率呈现逐年上升的良好态势。

学院党委贯彻落实“一主两翼”理念，铸魂育人，培养一专多能体育人才。贯彻“一贯性、立体化、全方位”培养模式，推进学生体育实践能力的高水平化，使学生在课上、课余、假期的专业实习、社会实践等各阶段均有导师、班主任、辅导员的全程参与，在考级、考证、考研、创新创业等过程中均能得到专业的指导，学生的综合素质与竞争力得到社会高度认可。2024年，一名校友获世界先生中国区冠军；社会体育指导与管理专业在校学生参加第一届全国全民健身大赛总决赛健身气功项目比赛，获得第一名；多名校友和在校学生执裁四川省“贡嘎杯”足球比赛；毕业生去向落实率连续三年居全校首位。

服务地方　同频共振

思想引领，发挥榜样力量，服务社会，助力健康中国建设。学院党委依托“健康中国，体育为民”党建品牌，发挥体育学科和专业人才优势，主动融入区域经济社会发展，取得良好社会效益。2023—2024年，游泳与救护团队参与四川省游泳协会的“千人计划”与“防溺水进万校”公益活动，受益群众达8.2万人；2024年，体能训练团队为四川省消防救援总队冬季练兵比武大赛制定比赛规则、公正执裁，获得高度认可；2024年，社会体育指导与管理专业师生多次在绵阳、雅安、凉山等地开展跆拳道“送教上门”活动，为基层群众带去专业的体育知识和技能，惠及群众1000余人；2024年，健身气功团队承办“气聚健康·功成志愿”四川省健身气功志愿服务暨绵阳市健身气功系列教学活动，受益群众1000余人。

发挥运动康复专业特色，开展运动康复公益活动。学院党委带领全院师生矢志践行公益担当，发挥运动康复专业特色，组建志愿服务队在校园内外开展各项公益活动，为师生、群众提供更科学、更精准的康复服务和科普康复知识，助力全民健身向科学运动深化；为四川省“贡嘎杯”比赛，四川省大学生气排球比赛，学校及学院运动会、“新生杯”比赛等提供康复保障服务；2024年，深入阿坝州松潘县多个民族特色村，为200余名村民进行康复评估和辅助治疗，助力村民健康，传递青春正能量；运动康复专业教研室党支部与绵阳骨科医院康复党支部携手在吴家社区中心举办主题为“关爱骨骼，健康生活”的义诊活动，为社区老年人提供骨科疾病的预防、诊断和康复指导。

聚焦当下，展望未来。体育与健康学院党委将继续以党建为引领，深化教育教学改革，推动体育事业高质量发展。体育与健康学院将始终坚持以习近平新时代中国特色社会主义思想为指导，以立德树人为根本任务，继续深化党建工作与教育事业的融合，创新机制和方法，不断深化教育教学改革，积极探索体教融合发展、体育社会服务新路径，推进各项事业高质量发展，为构建健康中国、实现中华民族伟大复兴的中国梦贡献智慧和力量。

（苟清华）

强组织 重融合
探索“职普融通”新途径

◎ 应用技术学院党委

应用技术学院于2004年在西山校区成立，与学校网络学院、成教学院和长虹信息学院合署办公。2006年9月，按照学校的规划要求，长虹信息学院停办，应用技术学院独立运行至今。在高等教育改革与产业升级的浪潮中，学院党委对标应用型人才的培养要求，强化党建引领，深化产教融合，整合多方资源，结合学院办学特点、地域特色，按照“党员亮身份，党建创品牌，支部学样板”的工作思路，进一步推进学院党建发展，形成“党委领导有深度，政治引领有成效，思想建设有特色，组织建设有品牌”的工作模式，推动学院党建与学生培养、学生就业充分融合，创新两年制专升本学生的高质量培养模式，探索出一条“职普融通”的特色发展路径。

应用技术学院全体教工党员赴文同清风馆开展主题党日活动

党建引领　书写“职普融通”新篇章

在产业升级与技术迭代加速的当下，部分传统产业领域的就业岗位正经历着缩减的态势，导致学院学生毕业率降低。如何以党建引领，提升两年制专升本学生的培养质量，增强专升本学生在就业市场的竞争力，是现阶段学院重点思考及推进的中心工作。

近年来，学院党委加强顶层设计，号召全院上下凝心聚力同下一盘棋，密切结合学院事业发展实际，深度挖掘应用型人才培养优势，以高质量党建为引领，推动学院事业高质量发展。学院统筹推进办学综合改革，按照“调整专业布局、定制培养方案、优化管理机制”三步走的思路，以社会需求为导向，重新调整专业布局，修订专升本学生培养方案和课程体系，聚焦区域产业需求，创新打造10个特色优势专业，充分保证学生所学与社会所需深度结合，培养社会需要的应用型人才。聚焦地域经济社会发展重大需求，以任务导向、需求导向和结果导向为牵引，深化产教融合，打造行业前沿知识与现行教学内容双向衔接、专业理论教学与实践同步衔接、产业导师与高校教师双向衔接的教学模式。学院与四川高达科技有限公司等优秀企业签订校企合作育人计划，努力培养和造就一批地方企业用得上、留得住的高素质创新型、应用型和复合型人才，深入推进实施校企联合育人举措，探索“职普融通”培养模式。

为进一步深化党建引领业务发展，党建助推就业提升，学院党委以“书记项目”为抓手，推动党建与就业高度融合。“红满西山”书记项目提出“党委—党支部—党员”三级联动重要举措助推学生就业，通过“一把手”带头，层层动员部署，压实责任，推进落实，班子成员按专业就业率包干；通过“一盘棋”推进，学院党政齐抓共管，统筹部署就业安排，与10个就业实习基地共建；通过“一竿子”到底，完善重点群体就业支持体系，落实就业优先策略，党支部牵头对就业困难学生实行三级帮扶，实现一对一带动、多对多共进，多层次、全方位解决学生就业难题。学院毕业生去向落实率连续三年增长超5%，党员毕业生去向落实率超90%，取得良好的促进就业效果，提升育人实效。

组织优化 提升党建引领实效

为进一步加强学院基层党组织战斗堡垒作用，提升党建引领实效，基于学院两年制专升本学生培养模式，经广泛调查分析，学院基层党组织建设存在党支部战斗力弱、工作机制有待完善等问题，严重制约学院党建质量提升。究其原因：一是学院每年设置的专业变化大，党支部按年级划分，学院无专业教师；二是学生党员占比高，在校时间短；三是学生来源结构复杂，学习基础及思想观念差异大，培养难度高。

为解决学院党建发展堵点，在探索“职普融通”过程中，学院党委通过精兵简政来加强组织构建，以规范化、标准化建设提升党组织战斗堡垒作用，提高学生的培养成效。

学院党委进一步优化党支部结构，加强队伍建设，将原来的10个党支部调整为8个，遴选学院各科室管理骨干以及优秀辅导员作为党支部书记，更好地凸显党支部书记的“头雁效应”，增强党支部的凝聚力和战斗力。同时，为弥补学院无专业教师的劣势，学院党委积极与青义校区党支部、企业党支部进行共建联建，增强专业背景支撑。以党建带群团，打造党员之家、工会小家，协同建设“子云亭”一站式学生社区，将党建引领作用贯穿学院事业发展全过程。

基于学院党员多、影响力大的实际情况，学院党委以党员带群众，充分发挥学生党员的先锋模范作用，以此辐射带动其他学生，达到提升学生培养质量的目的。此外，完善学院教师队伍建设，也是提升学生管理成效的重要举措。学院努力打造专家型辅导员队伍，积极探索双师双能型专兼职教师队伍建设，加强管理队伍建设，不断提升管理服务能力，全力保证两年制专升本学生的培养质量。

盘活资源　打造品牌提升学生素养

学院地处园艺山高新科技开发区，靠近西山文化中心、中共绵阳市委党校、教育园区等地，可充分利用其地域资源优势，打造特色品牌，发挥文化育人功能。基于学院“党委—党支部—党员”三级联动措施，强化党支部功能，在保证党支部政治功能的同时，赋予党支部以文化建设促学生培养的业务功能，将学生的就业、学业、技能培训等需求充分考虑，打造“子云文化”系列党建品牌。学院创办“子云大讲堂”，定期邀请校内外专家与学生座谈交流，坚定专业信心，提升人文修养，提高思想素质；创办“子云赋能班”，争取高校学生职业技能培训项目，免费为600余名学生开展职业技能培训，赋能就业，提升技能水平；创办“子云研习社”，该社以服务考研学生为主，邀请专家每周为同学补基础课，建立专用自习室、网络社区，提高学生学习能力，促进学风好转；创办“子云‘印记’”，围绕爱校荣校教育，通过微信公众号、抖音官方号、西山校区板报等融合传播“印记”声音，提升学生的政治素养。

学院党委以党建引领团建，紧密围绕学院育人中心工作，结合中华传统文化二十四节气的寓意，对应“五育”并举育人理念，探索打造学生工作品牌的“五朵金花”。“立春·印记”对应德育，围绕立德树人根本任务，注重学生思想价值引领，积极探索思想引领新范式；“谷雨·印记”对应智育，重在优良学风建设，学院研究生报考率稳步提升，科技竞赛成绩实现提升；“夏至·印记”对应体育，重视学生身体素质提升，营造浓厚的校园体育文化氛围；“白露·印记”对应美育，着力开展五彩斑斓的美育工作，激发学生对美的感知力和创造力；“大寒·印记”对应劳动教育，学院与子云亭社区合作共建劳动教育实践基地，提升实践育人成效。

通过打造“子云系列”“‘五育’系列”品牌，学院党委整合多方资源，深化人才培养模式，提升两年制专升本人才培养质量，为探索“职普融通”的人才培养模式提供有效举措。

未来，学院党委将致力于构建更加坚强有力的党组织体系，提升党员队伍的整体素质，高度重视党建与业务工作的深度融合，将党建工作贯穿于教学、管理等各个环节，实现党建与学院发展的同频共振。同时，学院党委也将积极探索“职普融通”新途径，打破“职普”壁垒，促进教育资源的优化配置与共享。通过党建品牌的引领，学院党委将努力培养更多既具备扎实专业技能，又拥有良好职业素养的高素质应用技术型人才，为地方经济建设和社会发展贡献力量。

（白　萍　刘　鑫　徐莉丽）

以高质量党建引领保障服务事业新飞跃

◎ 保障服务部党委

保障服务部党委成立于2024年5月，是学校党委领导下负责党委武装部/党委保卫部/保卫处、校园规划与基本建设处、后勤保障部（以下统称“保障服务部”）党的建设的基层党组织。

保障服务部党委坚持党建引领事业发展，为学校赢得“全国校园物业服务百强单位”“全国节水型高校”“四川省绿色学校”“四川省美丽校园”“绵阳市先进基层人民武装部”“绵阳市涪城区征兵宣传先进单位”等荣誉称号。保障服务部党委主创的《“四创”并举，构建学生公寓管理服务育人新格局》入选中国教育后勤协会学生公寓管理专业委员会的“高校学生公寓管理服务优秀案例”。

制度为纲　以文化人

制度为纲，机制领航。保障服务部党委强化顶层设计，从调整机构设置、厘清工作职责、优化干部配置、深化人事改革等方面助推后勤保障部机制体制改革；修订完善科级干部考核制度，持续优化规范服务质量监督

保障服务部党委饮食党支部代表学校与中国科大饮食党支部开展共建厨艺交流活动

考核和职能部门效能建设，整合完善采购、物资和财务集约管理模式，持续强化安全管理长效机制建设，严格落实“一岗双责”；强力推行“5S”（即整理、整顿、清扫、清洁、素养）标准化管理模式，建成食品安全快检室、车辆管理综合平台、应急供水系统、学生公寓管理系统，助推师生服务工作走实走细。

文化为魂，大爱弘扬。保障服务部党委坚持以加强“党建文化、校园文化、育人文化、制度文化”建设为重点，塑造独具特色的保障服务部文化。通过开展“以劳育美·以美育人”劳动月系列活动，“中国梦·后勤梦”文体竞赛活动，结合节日氛围打造“粽情粽意·与你同行”“鱼跃西科·情满中秋”“月盈穹宇·情满西科”“年味科大·约‘惠’迎春年货节”“春节留学生‘家宴’”等主题饮食活动，深挖中国传统节日的文化内涵，增强师生文化自信；通过开展“山水一程·不负寓见”毕业季系列活动，加强学生公寓文化建设，强化育人功能；通过打造“毕业季、开学季”专属花海，以“迎新季——前程似锦”

"'研'途有爱"等暖心服务凝心聚魂，强化广大学生的爱校感恩情怀；通过开展以购代捐、医疗援助、教师培训、定向捐赠等活动，为学校推进精准扶贫工作贡献力量，营造"大有爱、有大爱"的保障服务文化生态。

榜样引领　师生为本

外树形象，内强素质。保障服务部党委坚持开展管理和技术两支队伍优化建设，以论坛、培训、比赛等多种形式提升队伍服务管理能力和技术创新能力。充分运用"三会一课"、主题党日等活动引领广大党员干一行、爱一行、钻一行，发扬工匠精神，追求精益求精，构建活力充沛、效率卓越、特色鲜明的党员服务保障队伍（如"党员巡线队"等），增强服务师生、服务人才、服务教学科研的效能。选树两期"平凡的坚守、坚强的保障"优秀典型，营造"学先进、赶先进"的良好氛围；着力培育和提升公益辅导员、餐饮保障、教学技术支撑、幼儿教师、医疗康复等团队的专业技术水平；实施大学生储备计划，通过外引内培的方式提高保障服务部的职工素质；实施干部队伍思想素质与业务能力"双融合双提升"工程，着力培养政治过硬、本领高强、适应学校高质量发展需要的高素质干部队伍。

师生为本，服务精准。保障服务部党委紧密结合广大师生需求和学校发展需要，加大基础设施建设投入，提升保障服务部门服务保障硬实力。推进学生公寓空气热源泵建设，目前学生公寓的热水系统覆盖面超过70%，为学校进一步发展打下坚实的动力保障基础；食堂餐厅增添新品，改换新颜；"小白龙"新增2条运行线路，实现东、中、西三区全覆盖；引入共享电单车、智慧快递平台，制定特色餐饮外包试点方案，全力保障师生多元化生活需求；全面开通全校教室无线网络，安装教学楼空调，建成教室管理综合平台，实现教室运行实时监控；新增和改造食堂就餐面积共计4万余平方米，陆续开设特色餐饮，持续提升师生就餐环境；完成校医院康复医学科的升级改造工程，不断畅通救治渠道，打通急救“起跑第一公里”，建设完成师生健康电子档案；高质量完成西区新生公寓修缮工程、学校基础设施提升改造工程（一期）、教职工住宅区防水、维修等工程；圆满完成西南科技大学警务服务中心综合服务大厅建设项目，重点整治校内交通违法和不文明行为、强化消防基础设施建设等，推动校园安全保障和服务工作迈上新台阶。

创新为翼　提质增效

共建共赢，创新形式。保障服务部党委依托“共建与区域产学研联合办学”优势，加快推进“智慧后勤”建设，完成后勤综合服务管理平台建设，建成“校区智慧照明”能耗监管体系（一期），实现后勤管理服务信息化，加快形成功能完备、资源开放共享的后勤保障系统；加强主体联动，构建党建学习联动模式，与中国科技大学饮食服务集团直属党支部通过线上的方式共上主题党课，通过创新思路，坚持“四学联动”；深入调研，苦练“内功”，服务师生，实现互联互动、深度融合，引领各项事业不断向前迈步。

保障服务部党委不断深化“制度引擎、文化引荐、榜样引领、服务引导、创新引路”的品牌内涵，找准找实基层党建与保障服务事业发展深度融合的结合点，聚焦制度机制建设、文化载体建设、干部队伍建设、保障服务建设、党建路径创新，推动党建工作提质增效，助力学校保障服务事业高质量发展，努力打造党建与保障服务事业并头发展的“一融双高”新样本。

展望未来，保障服务部党委将坚持“党建引领、服务育人”理念，立足新形势、谋划新思路、展现新作为，不断夯实党建基础，不断推进党建工作改革创新，不断筑牢保障服务力量支撑，在努力建设与特色鲜明高水平大学相适应的保障服务体系的新征程上奋勇前进。

（蒲子涵　刘　峰）

党建引领明方向 实干为先促发展

◎ 机关党委

2019年，机关一党委、机关二党委合并成立机关党委。在学校党委的坚强领导下，机关党委各级领导干部团结带领广大党员和教职工，深入贯彻落实党的教育方针，始终坚持发挥党建引领作用，聚焦“围绕中心管理赋能，服务大局提质增效”，不断加强和改进机关管理服务部门党的思想建设、组织建设、作风建设、反腐倡廉建设和制度建设，围绕学校“双一流”建设、巡视工作、70周年校庆、脱贫攻坚和乡村振兴等急难险重任务，在推动发展、服务师生、队伍建设、凝聚人心、促进和谐等方面取得显著实效，为学校事业发展提供了有力保障。

坚持理论武装 持续加强政治建设

强化党性教育，提升政治素质。机关党委始终将党的政治建设置于首位，把深入学习贯彻习近平新时代中国特色社会主义思想作为首要政治任务。通过深入实施“不忘初心、牢记使命”主题教育、党史学习教育，深入开展学习贯彻习近平新时代中国特色社会主义思想主题教育、党纪学习教育，党员干部不

机关部门工会参加学校运动会合影

断增强“四个意识”、坚定“四个自信”、做到“两个维护”，始终与党中央思想同心、政治同向、行动同步。同时，机关党委紧跟党的十九大、党的二十大、党的二十届三中全会以及中共四川省委历次全会精神步伐，实现学习、认识、行动全方位跟进，确保上级党委决策在机关党委及时落地见效。

培育政治文化，汇聚思政力量。机关党委严格执行“第一议题”制度，通过党委会“第一议题”学习、专题学习研讨会、党支部“三会一课”等方式，及时跟进学习习近平总书记重要讲话和重要指示批示精神，做到及时学、深入学、跟进学。统筹指导各党支部积极创建党员先锋示范岗，开展主题党日、专题学习研讨会、实地研学、志愿服务活动，营造“正气充盈、昂扬向上、和谐包容、团结奋进”的政治文化氛围，将广大党员干部的思想和行动统一到党中央决策部署上来，汇聚干事创业的强大合力。

聚焦主责主业 积极服务中心大局

建章立制促发展，规范管理强支撑。机关党委注重制度建设，不断完善内部治理，制定多项工作考核与联系制度，落实联谊交友及交心谈心机制，为学校发展提供坚实制度保障。各部门紧密围绕中心工作，制定科学规范的制度和举措。例如，发展规划处牵头制定“十四五”规划及行动方案，推进学科申报；人事处制定聘岗方案，实施“龙山强校”计划，提升人才培养质量；党办校办完善信息报送机制，提高报送质效；组织部制定干部选拔任用办法，强化干部全链条培养；等等。

深化作风强效能，激发内生能动力。机关党委坚持以人民为中心，深化作风建设，优化组织架构，完善制度体系，解决效率与沟通问题。创新服务方式，设置先锋岗、开设线上大厅，优化办事程序，提升服务质量。加强教育培训，提高党员政治素养和业务能力。通过建立严格财务审批制度和内控机制等方式，不断完善教育监督机制，加强廉政文化建设，营造风清气正的工作氛围。

锚定目标创佳绩，党建业务深融合。组织部以党建为引领，牵头申报并获批全国党建工作标杆院系、全国党建工作样板支部等5项国家级党建示范项目，党建“双创”成绩取得历史性突破。发展规划与学科建设处牵头学科建设，2个学科获批博士后科研流动站，获批5个四川省高等学校“双一流”建设贡嘎计划建设学科，新增2个专业学位硕士点，核环境安全技术创新中心正式授牌成立。科学技术部指导有组织科研，获得2项国家科技进步奖二等奖、8项省部级一等奖等政府类科技奖励。教务处牵头课程建设，获批9门国家级一流课程、89门省级一流课程。校团委组织学生学科竞赛获奖数量和质量逐年提升，在2024年全国普通高校大学生竞赛排行榜第八轮总排行榜中居第67位。

冲锋在前担使命，急难险重展风采。机关党委积极配合四川省委开展巡视工作，全力整改反馈问题。在建校70周年庆祝活动中，机关党委各部门（党支部）精诚合作，提升了学校美誉度。精心组织本科教育教学审核评估，确保该工作顺利完成。机关党委积极投身脱贫攻坚和乡村振兴工作，累计派出7名帮扶干部，帮扶工作连年获得省教育厅年度绩效考核优秀，帮扶干部多次获得省级荣誉。

坚持创先争优　夯实基层组织建设

选优配强党支部班子。在管理服务部门机构改革后，机关党委指导新调整的16个党支部完成了党支部委员的选优配强工作，推动党建工作与业务工作深度融合。各党支部书记在日常工作中注重线上线下沟通，与党员群众保持密切联系，确保信息畅通、决策高效。对于重大事项，集中进行决策，以提高决策的科学性和执行力。在急难险重任务面前，党支部委员能够身先士卒、带头冲锋陷阵，充分发挥先锋模范作用。

建立示范组织，加强党支部规范化建设。机关党委始终坚持把党支部建设作为组织建设的基础和关键，推进党支部建设标准化、规范化，累计完成29次党支部设置调整、39次党支部换届选举。各党支部认真落实“三会一课”制度，校领导带头参加党支部活动，党支部书记讲党课累计160余次。同时，机关党委积极开展主题党日活动，通过参观红色教育基地、志愿服务等方式，丰富党员学习生活，提升党员党性修养。

带领先锋队伍，统筹培养科级干部。机关党委注重科级干部队伍的建设和管理，做好科级干部统筹配备工作。近5年来，共提任99名科级干部，硕士及以上学历比例达到92%。同时，机关党委常态化开展科级干部专题培训，加强其能力和作风建设。此外，机关党委还注重抓好党员教育管理和党员发展工作。近5年来，累计发展22名党员，按时完成党组织关系转接和党费收缴工作；多个党支部和集体受到学校表彰，党员先锋模范作用得以充分发挥。

强化责任意识 抓实党风廉政建设

抓实党委书记第一责任人职责。近5年来，机关党委书记切实履行第一责任人职责，对重点风险岗位干部和新履职科级干部经常开展谈心谈话，共计180余人次。同时，认真落实安全稳定、意识形态主体责任，党委会专题研究安全稳定和意识形态问题共计15次。督促指导机关各党支部进行全覆盖的安全稳定隐患排查工作，及时稳妥进行矛盾纠纷化解工作。近5年来，机关党委无安全稳定事故和意识形态方面的错漏发生。

压实党风廉政建设主体责任。机关党委切实履行全面从严治党和党风廉政建设主体责任，构建廉洁机关氛围。机关党委处级干部分小组开展党纪学习教育读书班，进行集中学习，22个党支部严格按照要求制定党纪学习教育计划并逐一完成。同时，组织机关全体科级干部开展了13次“党风廉政教育理论与实践”专题培训。通过赴绵阳监狱开展警示教育活动、参观学校廉洁教育基地、邀请校纪委领导开展“纪律规矩教育”专题培训等形式的学习，充分发挥以案促改、以案示警、以案肃纪的教育作用。通过一系列举措，引导党员干部筑牢拒腐防变的纪律防线，推动全面从严治党向纵深发展。

展望未来，机关党委将继续坚持以习近平新时代中国特色社会主义思想为指导，深入贯彻落实党的二十届三中全会精神，以更加坚定的信念、更加务实的作风，凝心聚力、攻坚克难，推动各项工作再上新台阶。机关党委将紧紧围绕学校中心工作，不断加强和改进党的建设，努力建设让师生满意的模范机关，为学校建设特色鲜明高水平大学作出新贡献。

（徐智勇　邵文星）

堡垒旗帜

践行“两山”理念
科技赋能助力“变废为宝”

◎ 环境与资源学院固体废物教育部重点实验室党支部

环境与资源学院固体废物教育部重点实验室党支部（原环境与资源学院教工第七党支部）于2018年入选教育部首批“全国党建工作样板支部”培育创建单位，2021年通过验收，成为学校首个获此殊荣的党支部。党支部坚持党建与业务协同创新，在服务国家战略中，将“两山”理念融入实践，主导完成“青海茫崖石棉矿尾矿库治理”“阿克塞哈萨克族自治县温石棉循环经济产业园规划”等重大项目，为国家西部生态安全与产业绿色转型提供了重要科技支撑。支部党员获评“西南科技大学巾帼建功岗”，实验室获评“教职工创新工作室”称号；科研领域成果丰硕，累计获得3项省部级科技进步奖一等奖、4项二等奖。2024年，党支部入选四川省高校“双带头人”教师党支部书记“强国行”专项行动团队。

党支部依托西南科技大学固体废物与资源化教育部重点实验室和中心实验室，围绕“教育党员、管理党员、监督党员、组织师生、宣传师生、凝聚师生、服务师生”建设目标，构建制度化、规范化、科学化的党建工作体系，持续强化政治引领和战斗堡垒作用。党支部现有正式党员12名（60%为高级职称），其中包括1名四川省学术和技术带头人、1名绵阳市科技城人才、2名“三育人”模范教职工等，形成了一支政治强、业务精、作风硬的先锋队伍。

固本强基　把堡垒建在项目阵地上

党支部在学院党委的悉心指导和全体支部党员的共同努力下，始终坚持以习近平新时代中国特色社会主义思想为指导，秉持党建引领高质量发展的工作理念，坚持以党建引领科研，以科研助力党建，探索出了一套“个体靶向化、支部规范化、党委整合化”的精准化实践模式，通过多维性、动态性及整合性的方式，有效提升了党支部的组织力。此外，党支部组建临时党小组，把党小组建在项目上，让党旗飘扬在科研第一线，在攻关“卡脖子”技术的关键时刻充分发挥党建引领作用和党员先锋模范作用，力争打造具有战斗力、组织力、凝聚力、号召力和影响力的基层党组织，努力把固体废物教育部重点实验室建设成为行业内资源综合利用创新高地，推动高水平科技自立自强，为建设科技强国、生态强国、教育强国贡献组织力量。党支部有关事迹及成果得到百余次校内外媒体的报道。

砥砺奋进　把火力聚在技术难关上

党支部依托固体废物与资源化教育部重点实验室和中心实验室，坚持面向世界科技前沿、面向经济主战场、面向国家重大需求、面向人民生命健康，长期聚焦“固废资源化”“场地土壤污染成因与治理技术”“核设施退役与放射性废物治理”等国家重大战略需求和重大工程建设，服务于西部地区乃至全国生态环境保护、核安全、资源综合利用产业绿色发展、循环发展和低碳发展，积极践行“绿水青山就是金山银山”的环保理念。

党支部成员积极参与地方社会经济建设，在矿山修复与治理、地方环境污染调查等领域，投入项目经费达2000万元以上，产生了上亿元直接或间接社会经济效益；先后为我国最大的温石棉产区——阿克塞哈萨克族自治县温石棉产业的发展建言献策，提出的阿克塞哈萨克族自治县温石棉循环经济产业园建设规划获甘肃省经信厅批准建设；完成青海茫崖石棉矿尾矿库治理，为公司恢复生产提供了技术支撑，带动了青海海西州相关产业的发展。支部党员在凉山州布拖县精准扶贫、阿坝州松潘县生态文明建设和九寨沟地震灾后重建等领域积极奉献，服务地方经济建设，尤其在世界自然遗产地九寨沟诺日朗瀑布震后的抢救性生态修复工程等多项急难险重任务中发挥了先锋模范作用。

立德树人　把成果浇在育人战线上

党支部致力于推进党建与业务双融双促，以“党建+业务”双引擎驱动创新发展。在党建引领下，党支部紧紧围绕教学、科研和社会服务开展系列活动，在提升党员群众凝聚力的同时，也为师生的个人成长、事业发展提供动力。党支部努力做有意义的科研，培养和输送了一大批高层次创新人才，取得了一大批一流科研成果，做出了一系列社会认可度高的服务奉献，形成了一支在固体废物行业领域具有重要影响力的教师团队。

党支部坚持通过科学实践培育创新人才。建立优秀本科学生科研能力培养运行机制，每年开办资源循环利用科学创新实践班，大力提升本科学生的科研能力、动手能力、创新能力、综合分析问题与解决问题能力，促进学校教学科研型大学的建设；定期开展实验室开放日活动，让民众进一步了解固体废物的危害和地球科学的奥秘。党支部成员在近年来获批的环境工程国家级一流本科建设专业，采矿工程、矿物加工工程、环境工程国家专业工程认证和地质工程省级一流专业，以及“课程思政”省级示范专业中，均发挥了带头作用，有力地促进了学科发展。

教师党员带领团队学生参与全国大学生节能减排社会实践与科技竞赛、“挑战杯”、全国大学生课外学术科学作品竞赛、全国大学生冶金科技竞赛等，获得30余项奖励；参与各类学术会议累计300余人次，发表60余篇科研论文、申请20余项国家发明专利；80余人进入其他高校和院所深造。

环境与资源学院固体废物教育部重点实验室党支部今后将继续以习近平新时代中国特色社会主义思想和党的二十届三中全会精神为指引，深入贯彻落实

固体废物教育部重点实验室党支部合影

习近平总书记《加强基础研究　实现高水平科技自立自强》的重要指示精神，继续深化高校“双带头人”教师党支部书记培育工作，打造“战略科技力量+红色基因传承”的特色路径，为筑牢国家西部生态安全屏障，培育生态文明建设生力军再立新功，让党旗在科技报国、绿色发展的征程上高高飘扬！

（邹高祥　谢腾祥）

“以核为核” 锻造强国先锋

◎ 国防科技学院/核科学技术学院教工第三党支部

在国防科技学院/核科学技术学院有一支以“堡垒旗帜、强核先锋”著称的基层党组织——国防科技学院/核科学技术学院教工第三党支部。这个拥有23名正式党员的基层党组织，汇聚了来自辐射防护与核安全、核化工与核燃料工程教研室的精英力量。党员队伍中，有8位教授、6位副教授，22人拥有博士学位，高层次人才济济一堂，为党支部发展注入了强大动力。近年来，党支部屡获殊荣。2023年，以党支部书记为负责人的工作室入选首批四川省教科文卫体系五一巾帼创新工作室，党支部书记荣获“中国核学会女科学家奖”，党支部副书记当选为四川省第十二次党代会代表；2024年，党支部成功获批第四批“全国党建工作样板支部”培育创建单位，入选全国高校“双带头人”教师党支部书记“强国行”专项行动。此外，党支部入选学校首批“利刃计划”党支部，多次获评“西南科技大学先进基层党组织”，其“以核为核”工作法也被评为“西南科技大学优秀党支部工作法”。支部党员所在的团队入选“全国高校黄大年式教师团队”，另组建的3个省属科技创新团队亦是成绩斐然。

国防科技学院/核科学技术学院教工第三党支部进行军工文化长廊宣讲活动合影

锚定样板目标　创新党建模式

国防科技学院/核科学技术学院教工第三党支部始终将建设全国党建工作样板支部作为奋斗的核心目标，从多维度发力，全面推进党支部建设。在政治引领上，持续筑牢思想根基，确保全体党员在思想上政治上行动上同党中央保持高度一致；在方法引领上，践行培根铸魂的育人使命，不断创新教育教学理念，积极探索新颖的教育方式，为党员成长提供新的思路与途径；在事业引领上，搭建完善的职业发展支持体系，助力青年教师快速成长，为党支部发展注入源源不断的活力；在创新引领上，推动学院与行业的深度融合互通，拓展发展空间，寻求更多的发展机遇。

为强化党员思想政治建设，提升党员政治素养，党支部构建了全面系统的学习教育体系。通过开展党风廉政警示教育、组织党员人人讲党课、举办党章党纪专题学习，严格落实学院党委会“第一议题”制度，不断巩固党员学习成果，增强党员的政治觉悟。在党支部组织生活会和民主评议党员中，鼓励党员亮明身份，积极参与党支部事务，充分发挥党员的主体作用。同时，加强党支部支委队伍建设，建立起一套科学有效的党员管理与监督机制。

党支部充分利用中国“两弹城”、中国工程物理研究院等军工文化教育基地的独特资源，创新教育形式。通过课堂生动讲解、实地沉浸式参观学习，深入挖掘军工文化的时代内涵，并将其融入党支部建设与党员教育中。此外，立足学校和学院实际，打造军工文化长廊这一特色宣传阵地，传播军工文化，弘扬爱国主义精神，使党支部成为一个极具凝聚力和向心力的战斗堡垒。

坚守育人初心　培育时代新人

党支部始终秉持军民融合的学科发展特色，充分发挥党员作为学科骨干的先锋模范作用，坚守立德树人的初心使命。在“大思政”背景下，积极探索国防特色学科育人新路径，将课程思政与军工文化紧密融合，构建协同育人的高效机制。

党支部定期开展青年学子国情研修和爱国主义教育主题党日活动，激发学生的使命担当与家国情怀。同时，定期组织党支部教师开展课程思政建设研讨主题党日活动，遵循从微观知识点渗透、中观课程脉络贯穿到宏观教学体系融合的“点、线、面”三层进阶式建设思路，全力推动课程思政实现“入教师脑、入教学文件、入课堂实施、入学生心、入评价体系”的目标，搭建起全维度、全流程的课程思政育人架构。

在优秀党员的示范引领下，党支部带动师生共同成长进步。在学科建设方面，全力支持1个涉核国家级科研平台和1个国家级一流专业的高质量建设，积极与院士专家、核领域龙头企业开展共建合作，搭建产学研用协同创新平台，助力青年教师成长。近2年来，党支部成员荣获院级以上表彰或荣誉达25人次，获得省级以上人才称号达8人次。党支部培养的学生连续8年被成功推荐至清华大学、北京大学深造，一大批优秀毕业生投身国防军工事业，人才培养成效显著。

聚焦科研难题 勇攀创新高峰

党支部始终坚持党建工作与科研教学深度融合的发展理念，紧密围绕国家重大战略需求，将党建工作的政治优势转化为科研创新的强大动力。党支部成员扎根教学科研一线，聚焦核废物与环境安全领域的“卡脖子”技术难题，立足中国（绵阳）科技城，服务西部地区，辐射全国，不断提升科研成果的社会影响力。

党支部书记带领骨干党员开展集体科研协作，成功攻克核医疗废液快速高效处理关键技术难题，首次提出“处理-直排”深度净化技术，填补了国内核医疗应用技术空白，有力推动核医疗全产业链国产化自主可控，相关成果获得四川卫视《向总书记报告》专栏报道，彰显了党支部在核技术应用创新领域的卓越实力。

为提升学科影响力，党支部创办“以核为核”微信公众号，定期推送核领域科研动态，分享国内外同行最新研究进展。借助短视频、直播等新媒体形式，将红色教育和科普搬上云端，录制《两弹元勋》等军工文化宣传视频，大力弘扬核科学家精神，吸引更多公众与学子投身新时代核事业建设。

国防科技学院 / 核科学技术学院教工第三党支部以党建为引领，在教学改革、科研创新、人才培养等方面取得了令人瞩目的成绩，已然成为一面飘扬的旗帜。展望未来，党支部将继续向着更高的目标奋勇前行，为我国核事业发展培育创新拔尖人才，书写更加辉煌的篇章。

（朱 琳 聂小琴 朱玉颖）

清正雅　建堡垒　扬旗帜

◎ 法学院法学系教工党支部

法学院法学系教工党支部（原法学院教工第一党支部）由四川省省级课程思政示范专业的教授、博士、讲师及辅导员构成，以“高知、年轻、创新、向上”为特色，以运用中国特色社会主义法治理论培养爱党爱国的卓越法治人才为使命。近年来，党支部在落实“三会一课”、巩固深化主题教育的过程中，实现了党建与业务的双融合、双促进，在联系群众、服务群众、凝聚群众、宣传群众的过程中，提出“清正雅”工作法，使党建创新活动独具辨识度，得到《光明日报》报道，并获批全国党建工作样板支部，获得全国高校“两学一做”风采展示大赛推荐展示，入选四川高校“双带头人”教师党支部书记工作室，被评为“绵阳市先进基层党组织”。

党支部建设内涵

法学院法学系教工党支部以高校教师党支部的定位为出发点，通过清疑惑、正视听、雅情怀的工作方法，全面发挥法学专业高校教师在传道授业解惑、引导正确三观、培养家国情怀等三方面的业务魅力、人格魅力与信念魅

法学院法学系教工党支部合影

力，将党建活动与教书育人相结合，培养坚定不移跟党走的中国特色社会主义法治人才。“清正雅”工作方法的具体内容为：清疑惑的方法对应的党建品牌是“小纸条”“法学博士服务队”，旨在实现信息枢纽的功能，对应定位为教师；正视听的方法对应的党建品牌是“午餐师说”“法学博士沙龙”“新时代青年读书会”，旨在实现育人载体的功能，对应定位为党支部。雅情怀的方法对应的党建品牌是“西南科技大学《民法典》大学生宣讲团”“《以案说法》校报专栏”，旨在实现宣传阵地的功能，对应定位为高校。

清疑惑　党支部工作的基础方法

清疑惑是党支部工作的基础方法。该方法的目标是服务群众，建立信息枢纽。通过了解群众的生活难题，利用专业知识为其答疑解惑，提供有力帮助。

在清疑惑这一工作方法的推进过程中，党支部创新开展了两个党建品牌活动，分别为“小纸条”和“法学博士服务队”，其具体工作路径为如下。

一是“小纸条”清疑惑。“小纸条”目前已开展4季。党支部利用“小纸条”传送者匿名、收信人指定的特征建立了24小时师生联系的桥梁，充分发挥党员教师的专业魅力与人格魅力，吸引年轻一代积极向党组织靠拢。工作方法如下：学生匿名在小纸条上留言，并指定答疑的老师；党支部将电子小纸条传送给指定老师答疑后传回给提问学生；在“小纸条”传送完毕之后，由党支部专人对个人信息进行匿名化处理，作为立德树人案例内容编辑成册，用于课程思政育人阵地的建设。“小纸条”工作方法的闭环式处理满足了党员教师关怀学生与服务学生的需求。

二是法学博士服务队“把脉诊断”清疑惑。“法学博士服务队”目前已开展5季。党支部利用法学博士服务队的专业优势，定期组织服务队深入社区、企业、学校、乡镇进行答疑解惑，以增强群众对高校党员教师的信赖感。工作方法如下：每年固定日期分别组织服务队进社区、进企业、进乡镇、进学校，就有关保护劳动者合法权益、婚姻家庭、合同等问题，用相关法律法规为群众答疑解惑。

正视听　党支部工作的核心方法

正视听是党支部工作的核心方法。该方法的目标是凝聚群众，建立育人载体。通过紧跟时事、关注热点、剖析事件、廓清迷雾、引导舆论的方式，充分发挥党支部在了解群众诉求、维护群众的正当权益等方面的战斗堡垒作用。在正视听这一工作方法的推进过程中，党支部创新开展了三个党建品牌活动，分别为“午餐师说”“法学博士沙龙”与“新时代青年读书会”。这三个活动通过“多场景转换+线上线下混合”的方式开展。

一是“午餐师说”。“午餐师说”目前已开展28期。在这28期活动中，党支部选择了“心怀理想，拥抱现实”“理性判断，积极探索”“学在其中，乐在其中”“爱国爱家，青春无悔”“红船启航，一往无前”“择业新观念、就业新天地”等主题，充分利用午餐时间，围绕学习方法、未来规划、就业择业、考研升学、出国留学、人生选择等内容，促进师生自由交流。

二是法学博士沙龙。法学博士沙龙目前已开展15期，以习近平新时代中国特色社会主义思想为指导，定期组织法学博士、教授与学生共同分析社会热点中蕴含的法律常识，以达到传播正能量、树立正确价值观的目的。

三是新时代青年读书会。新时代青年读书会目前已开展8期，以“培养社会主义事业的接班人”为理念，以“主题党日+主题团日”为工作思路，以党建带团建、团建促党建为工作目标，以vlog、plog、工作坊等形式为载体，通过师生共读《习近平与大学生朋友们》《可爱的中国》等经典书籍，旨在用党支部的引领力确保年轻一代坚定不移跟党走。

雅情怀　党支部工作方法的升华

雅情怀是党支部工作方法的升华。该方法的目标是建立党支部的宣传阵地，向群众宣传党的路线方针政策。在雅情怀这一工作方法的推进过程中，党支部坚持建设了两个宣传阵地，分别为“西南科技大学《民法典》大学生宣讲团”和“《以案说法》校报专栏”。

一是自建宣传平台，彰显高校人文情怀。西南科技大学《民法典》大学生宣讲团于2020年建成，已连续开展四季活动。在活动中，通过党支部成员的全程指导与培训，宣讲团成员通过“创新普法、润物无声”彰显着高校学子的家国情怀与社会责任。从《民法典》各编中与生活紧密相关的热点出发，师生自编、自创普法作品，为提升社会成员的法治素养精准开展普法工作。目前，已经原创制作1部微电影《改变》、134部vlog视频、140个微故事。

二是主持校报专栏，彰显高校社会责任。党支部在《西南科技大学报》开设《以案说法》专栏，目前已供稿18期。党支部教师运用法学专业知识对社会现象进行点评，对热点案例进行分析，对生活纷争予以解决，对法律常识进行普及，受到校内外师生一致好评。

法学院法学系教工党支部在创建全国党建工作样板支部的过程中，充分凸显了高校教工党支部的定位。通过发挥学科优势，编写了5万字的《理念与路径：全国样板党支部工作手册》。这些举措有力地保障了党支部监督党的教育方针在学院贯彻落实，巩固了马克思主义在高校意识形态领域的指导地位，而且通过形式多样的党支部活动加强了对师生的思想政治引领，筑牢了学生理想信念根基，落实了立德树人的根本任务，真正实现了党建与业务的双融合、双促进。

（徐　文）

双向带头 系统牵引
走出“双带头人”强国之行

◎ 制造科学与工程学院微纳仿生制造团队党支部

制造科学与工程学院微纳仿生制造团队党支部于2024年入选教育部第三批高校“双带头人”教师党支部书记工作室和“双带头人”教师党支部书记“强国行”专项行动团队。

微纳仿生制造团队党支部合影

党支部以机械工程学科一级博士学位点为主体，依托制造过程测试技术教育部重点实验室和四川省重型装备智能制造产业学院，汇聚了一支高素质、专业化的党员队伍。现有党员26名，其中80%以上具备博士学历和高级职称，展现了党支部强大的学术实力和人才优势。支部党员臧红彬2022年参加全国高校教师教学创新大赛获正高组一等奖。支部党员获评1次教育部自然科学一等奖，获批1名四川省学术技术带头人、2名后备人选，1人获评四川省杰出青年科学基金，获评四川省科技进步一、二等奖各1次、四川省科技创新群体1次，1人获评全国高校教师教学创新大赛二等奖。获评2个四川省劳模技能创新工作室。2023年，党支部获评西南科技大学“先进基层党组织”荣誉称号。

打造微纳仿生制造领域人才高地

党支部自成立以来，聚焦探索新时代全新拔尖人才培养体系，发挥党管人才优势，主动响应国家发展的人才需求，创新提出“雁阵型人才队伍建设”，打造微纳仿生制造领域人才高地。

实施“雁阵行动”，构建人才引育新机制。积极推进人才引育，建设人才矩阵，在“双带头人”的头雁效应下，实现“人人可为头雁，人人争当头雁”的党支部人才储备与动态管理。实施“优才引领”行动计划，强化人才引育工作，培养优秀科研工作者。利用组织优势，加强与全国知名高校的交流和合作，吸引更多优秀人才关注并加入学校。加强内部管理，建立公平、公正、公开的竞争机制，为党员同志提供展示才华的舞台，激发其创新精神和进取心。实施“雏雁成长”行动计划。细化团队梯度构建模式，学术技术带头人为“头雁”，学术骨干为“中雁”，普通教师为“尾雁”，优化“头雁”引领模式，健全“尾雁”成长机制，完善人才矩阵，打造精英雁阵成长模式，帮助团队成员快速成长。

三大特色党建实践

党支部以党建引领科研创新，以国家战略需求为导向，围绕“极限制造、人才集聚、创新驱动”核心目标，构建“党建+科研”融合机制，形成三大特色实践。

一是创新组织架构，建立“党小组组长+党员骨干+科研团队”三级联动模式，通过200余场科技论坛推动学术资源整合，实现党建与重大科研项目攻关同频共振；二是深化军工协同，联合中国空气动力研究中心、中国工程物理研究院等国家级科研机构开展党建联建，重点突破微纳仿生制造技术在国防装备领域的关键应用；三是打造政产学研用一体化平台，整合绵阳军工科研资源，构建“政-军-民-校-企”协同创新网络，攻克微纳制造核心工艺难题，推动20余项成果在航空航天领域实现工程化应用。

党支部建设成效显著，支撑制造过程测试技术教育部重点实验室顺利通过验收，助力获批四川省重型装备智能制造产业学院，推动3个专业入选国家级一流本科专业；累计承担60项国家重点研发计划、国家自然科学基金面上/青年项目、民机专项计划、四川省杰出青年科学基金等重大课题，获科研经费逾3000万元；在*Nature*和*Advanced Materials*等顶刊发表130篇SCI论文，获第46届日内瓦国际发明特别金奖、60项授权国家发明专利，形成“基础研究—技术攻关—成果转化”的全链条创新体系，为区域现代化产业体系建设注入强劲动能。

“联珠计划” 构建融合创新多单位协作模式

在党建引领下，党支部以“联珠计划”为轴心，构筑校地企深度融合的“发展同心圆”，书写“党建强、业务精、发展兴”的时代答卷。

珠联共建，锚定协同路径。紧扣“联珠计划”内核，创新构建“1+X”党建联建模式，与地方单位结成“红色创新同盟”，形成组织、资源、技术、人才“四维协同”机制；依托学校尖端平台，凝聚“政-军-民-校-企”合力；以主题党日融入技术攻坚、党课融合技术研讨，推动党建与科研“双链共融”。

聚链成环，彰显攻坚实效。以“红色纽带”串联产学研链条，打造“校地企”共生体，为区域发展注入澎湃动能；以“党建业务齐头并进”成效，斩获西南科技大学“联珠计划”和“利刃计划”双立项资助，获评“西南科技大学先进基层党组织”荣誉称号，助力学院获评全国模范职工小家，彰显党建赋能科技攻坚的核心力量。

联创未来，擘画强军经纬。深化“联珠计划”辐射效应，以“党建强链”赋能科技强军，打通校企技术共研共享通道，在微纳仿生领域构筑攻坚堡垒。拓展“红色朋友圈”，推动创新链、产业链、人才链“串链成环”，在国防现代化征程中奏响党建引领科技强音。

思想铸魂 服务国家重大战略需求

党支部把科学研究融入国家重大战略需求，面向西南地区军民融合深度发展，瞄准军工等行业中高端装备在制造过程中的科学与技术难题，努力形成“党建领航，科研奋进，产业聚力”的产学研成果。围绕军机民机等国家重大基础设施和国防军工产品在极端（寒冷）天气下的高性能服役需求，与中国空气动力研究与发展中心等研究所合作，开发了仿生表面高效电热防除冰、综合集成防除冰系统智能控制、大口径光学玻璃精密抛光加工等技术，突破了国家战略和区域发展的若干重大难题。围绕高性能液滴操控在影响国民经济和社会发展的重点领域的应用，聚焦于“基于激光微纳制造的高性能液滴操控”的关键科学问题，开发了多种功能结构和集成器件，服务地方经济社会发展。

面向未来，党支部将继续深化党建与业务的深度融合，以更加高昂的斗志、更加严谨的态度，不断激发党建活力，勇担使命，大胆攻坚，致力创新，开拓新局，奋力擘画新时代西南科技大学“制造人”的新画卷，在科技创新、人才培养和社会服务等方面取得更多突破，为服务国家重大战略需求和促进地方经济社会发展作出更大的贡献。

（李国强　王　远　杨　益）

践行“两弹一星”精神
担当科教报国使命

◎ 信息与控制工程学院特殊环境机器人科学与技术研究生党支部

信息与控制工程学院特殊环境机器人科学与技术研究生党支部于2024年入选教育部全国高校“百个研究生样板党支部”创建名单，为学校首个获此荣誉的单位。党支部建立在科研团队上，依托特殊环境机器人技术四川省重点实验室，引领学生创新发展。该实验室前身为卡源事故紧急处理党小组，曾两次成功处置“卡源事故”（河南杞县、广东番禺区），受到生态环境部致函感谢。党支部聘请多名院士和专家担任特邀组织员，定期与研究生党员共同开展主题党日活动。

特殊环境机器人科学与技术研究生党支部主题党日活动合影

“两弹一星”精神引领“特”强本领

党的二十大报告明确提出，要实施科教兴国战略，强化现代化建设人才支撑。高校要弘扬伟大建党精神，传承红色基因，引导青年学子努力成为堪当重任的“复兴栋梁”“强国先锋”。结合学校共建与区域产学研联合办学特色，特殊环境机器人科学与技术研究生党支部充分发挥坐落在中国（绵阳）科技城的地域优势，通过运用“两弹一星”精神等进行“知识传授、能力培养、价值塑造”三位一体育人体系的构建与实践，强化科教融合、产教融合，将科技与产业资源转化为育人优势，着力构建完善高素质拔尖创新人才培养体系，提高学校人才自主培养质量。

党支部以培养学生“五育”并举为主线，充分发挥党支部组织架构特色，依托院士、专家、教授“高学术”，博士“高学历”，硕士“高关注”的“三高”优势，构建榜样式铸魂、引导式教育和陪伴式协作模式，统筹推进育人方式改革，以系统性、整体性、协同性推动党建工作和科研业务，形成“党建+科研+育人+社会服务”的融合发展模式。依托“五育”工作法的创建与实施，逐步形成一套涵盖“党建引领铸魂维、学习型组织建设维、综合能力训练维、创新素养培养维”的四维立体化联合育人模式，定期邀请乐嘉陵院士、范国滨院士等赴党支部开展大师讲党课活动。

教师党员带领团队学生参与科技竞赛覆盖面达95%以上，获150余项省级以上奖励，相关教育教学改革成果获多项四川省和学校教学成果奖，在社会上形成示范效应。近20年来，党支部培养的毕业生创办、领办20余家高科技企业。党支部“为国铸重器，为党育英才”的联合育人模式，被《中国教育报》报道。

2020年以来，党支部多名硕博士生党员与中国空气动力研究与发展中心乐嘉陵院士联合开展培养，在老一辈科学家的带领下，构建了智能燃烧空气动力学研究组，研究成果受到王振国院士、陈小前院士、郭万林院士等的高度评价。顺利完成的中国专业学位案例中心2022年度主题案例项目——“自主可控吸气式高超声速冲压发动机数智化方法案例研究”，已被教育部学位中心收录为典型案例。

家国情怀涵养“特”扛担当

党的十八大以来，以习近平同志为核心的党中央提出理性、协调、并进的核安全观，将核安全纳入国家总体安全体系。党支部长期攻关特殊环境机器人领域“卡脖子”难题，服务“国之大者”。面对“核卡源”事故，支部党员不惧核辐射，自主研制的特种机器人两次成功处置事故，创国内先例，关键技术已服务于中核404、105、401、821及中物院、广核、国电投等多个单位，发布的核机器人高端装备技术获国际认可。支部党员承担国家重大项目，攻克“核机器人”关键难题，主持完成国家国防科工局重大科研项目——“核应急处置机器人关键技术研究”，主持完成国家重大科技专项——“CAP1400堆外核测探测器辅助安装智能机器人”，相关工作获四川省科技进步奖一等奖。此外，在确保核安全上，党支部依托前期工作利用交叉学科优势，形成鲜明特色，硕博士生党员成立机器人科普宣讲团，助推青少年健康成长。

党支部立足新三线建设，为填补国内外对漂浮物打捞和后期处理方面先进技术的空白，研发了一系列智能化治漂装备及软件平台。专家组一致认为该项目成果总体达到国际先进水平。为推动成渝双城经济圈建设，党支部与重庆红岩建设机械制造有限责任公司合作开展混凝土桥塔病害智能检测关键技术攻关，并被CCTV报道。此外，党支部积极投身水下机器人服务领域，成功申报国家重点研发计划“智能机器人”重大项目，在南水北调工程、锦屏二级水电站等世界级大型工程中开展了示范验证与应用，解决了大直径长引水隧洞定期检测难题。

党建联珠助力“特”育新人

以军民融合为基础，搭建党支部共建平台，共同传承革命先辈“两弹一星”精神，围绕党建深入助力国防装备信息化、数字化和智能化等重大需求，形成相互促进、协调发展的跨校科研院所合作新格局。

为培养顶天立地的国防领域拔尖人才，党支部与西北工业大学、中国空气动力研究与发展中心等高校及科研院所基层党支部开展联合共建，坚持把论文写在祖国大地上，潜心打造国之重器，通过党建助力学生培养和联合科研攻关。

党支部与全国首批高校“百个研究生样板党支部”入选单位——西北工业大学动力与能源学院研究生第九党支部开展党建共建，双方就各自院校发展历史、团队研究方向与技术成果、党建思政、育人成效展开交流，举行“支部携手互融共建，协力共创美好未来”党建共建签约仪式，共同签订党建共建协议书。党支部与中国空气动力研究与发展中心空天技术研究所二室党支部围绕空天领域关键难题，持续开展“AI+”拔尖创新人才的联合培养。

未来，信息与控制工程学院特殊环境机器人科学与技术研究生党支部将不辱使命，继续深入贯彻落实习近平总书记《加强基础研究　实现高水平科技自立自强》的重要指示精神，立足中国（绵阳）科技城区域特色，坚持将党旗插在科研、育人第一线，让党建与学术科研、学生成才充分结合，聚焦信息学科专业化、差异化中同“核、航、电”交叉渗透的关键难题，持续强化服务重大项目的能力，传承发扬“两弹一星”精神，持续探索特色鲜明的研究生党建思政有效路径。

（霍建文　郭明明　张　华）

“党建+劳育”赋能党支部“七个有力”

◎ 经济管理学院学生第五党支部

经济管理学院学生第五党支部以培养“有理想、敢担当、能吃苦、肯奋斗”的新时代好青年为己任，把劳动教育融入党支部建设，积极探索“党建+劳育”育人模式。在“自找苦吃”中培育学生党员能吃苦、肯奋斗的素养，激发了党员的先锋模范作用，营造了浓厚的学习氛围，促进了学生的成长成才。通过7年的实践探索，党支部创建了“以劳为基，辐射3环”的工作法。2023年，党支部获批“四川省高校党建工作样板支部”创建培育单位，党支部书记辛婷获得“全国优秀教育工作者”“全国最美高校辅导员”“第十二届全国高校辅导员年度人物”“四川省‘四有’好老师”“四川省优秀教师”“四川省名辅导员”等荣誉称号，多次受邀为国家教育行政学院、全国高校思想政治工作队伍培训研修中心（西南交通大学）等30余所省内外高校分享党支部建设经验和成果。

建强一个阵地　在团结进取中做到凝聚师生有力

党支部依托“子云亭”工作室、“辛婷思政名师”工作室及“子云圃”公众号、“个人图书馆”，深化思政教育，强化网络育人。通过“主题党日+”系

经济管理学院学生第五党支部开展劳动教育之田间课堂活动

列活动与“云课堂”联动，线上线下共促党员理论学习。多元化开展“红色经典诵读”征文演讲，定期推送党员优秀作品，助力学习。活用网络平台，打造思政品牌，掀起学党史热潮，引导党员、积极分子传承红色基因，构建体验式思政教育文化圈，铸牢中华民族共同体意识。

用活一个平台　在培根铸魂中确保教育党员有力

党支部健全“三全育人”机制，聚焦队伍与文化建设，融合专业教育与田间课堂，打造劳动教育与科研创新并重的党支部，以劳增智，成为学院教育发展的坚强后盾。每学期，党支部会邀请“时代楷模”曲建武、张彬等专家学者举办3～4期田间课堂，通过“讲好劳动故事，传承奋斗精神”翻转课堂，促进师生交流。田间课堂涵盖学习方法、职业规划等主题，推动党员在劳动与交流中成长，构建“树德、增智、强体、育美”的综合性育人课程体系。

创新一个体系 在严守制度中落实管理党员有力

党支部严格管理党员，实施“一人一档”制度，全面记录党员在理论学习、劳动实践、组织表现等方面的成长历程，完善考核体系，激励党员发挥先锋模范作用。该档案内容详尽，涵盖专业素养、综合素质、劳动实践、“三会一课”参与情况等。党支部根据党员表现制定适配评价体系，为党员发展考核提供有力依据，并纳入培养方案。同时，结合学校“微学分”制度，建立党员劳动素质考评机制，将劳动实践纳入综合测评，提升党员实践能力和综合素质。

守好一份责任 在严于律己中实现监督党员有力

党支部以“五化”为基准，扎实推行“三会一课”、主题党日、组织生活会等党建工作。党支部书记坚持每月亲授党课。积极构建党员“教育、管理、监督、考核”体系，党内活动党员出席率稳居98%以上。坚持党员教育管理监督常态化，融入日常、紧抓经常、严守平常，提升党支部工作规范化水平。组织党员深入耕读教育实践与义卖服务，锤炼其吃苦耐劳、勇于担当的精神品质。对标党员成长档案，定期开展谈心谈话，实现多渠道有效监督，为党员监督提供坚实保障。

打造一支队伍　在发挥优势中做到组织师生有力

党支部积极构筑“党建+主题宣讲”特色品牌，成立“子云亭”宣讲团队，精选政治过硬、理论深厚、宣讲精湛的师生党员，深挖劳动模范与红色资源，走进其他党支部及中小学，开展“行走的党课”系列宣讲，推动大中小学思政课无缝衔接。此举旨在提升党员服务社会效能与影响力，深化党员对党的情感认同，在实践中锤炼党员担当、吃苦、奋斗的精神风貌。特邀院士担任党支部顾问，引领教育科研，推行“一党员一导师”及本硕连贯培养模式，结对帮扶打破师生沟通壁垒，解决成长难题，建立双向帮扶机制，促进师生共成长，实现“党建+科研”深度融合，彰显“传帮带”力量。

强化一线服务　在创新载体中践行服务师生有力

创新打造“党建+”服务平台，组建“子云圃”义卖服务队，使用“子云圃”劳动教育基地收获的农产品，开展“子云圃”星期六义卖服务，与京东共建电子商务实训室，组织专业教师指导学生借助互联网，搭建“直播推广，爱心助农”的线上平台。在劳动实践中，教师指导学生结合专业开展就业创业活动，增强学生实践能力，提升就业创业竞争力，不断增强党员全心全意为人民服务的意识和本领。

开创一个课堂　在畅通渠道中保障宣传师生有力

党支部创新田间课堂育人体系，以“三化”教学确保田间课堂实效显著。一是授课地点“田间化”，围绕翻地、播种、施肥、灌溉四大环节，打造田间沉浸式课堂；二是授课内容“定制化”，党支部依据党员成长阶段需求，精心设计田间课堂计划，提供定制化培训课程；三是授课方式“多元化”，采用“专业教师+劳动实践教师”双师教学模式，引导学生在田间交流分享，破解学习难题，将党支部构筑为高校青年学生的坚强战斗堡垒。

未来，经济管理学院学生第五党支部将坚持以习近平新时代中国特色社会主义思想为指导，对标新时代高校党建示范创建和质量创优工作要求，以实现培养“有理想、敢担当、能吃苦、肯奋斗”的新时代好青年为根本目标，深耕劳动育人，聚焦“七个有力”，推进党支部建设提质增效，为学校高质量内涵式发展筑牢坚强战斗堡垒。

（辛　婷）

党建联建助推军地协同
院校联合保核环境安全

◎ 核环境安全技术创新中心党支部

核环境安全技术创新中心党支部（以下简称“核创中心党支部”）依托国家原子能机构核环境安全技术创新中心（以下简称“创新中心”）组建，现有正式党员23人，其中博士20名，有副教授及以上职称者10名，有国家领军人才、国防科技创新团队带头人、国务院政府特殊津贴专家、四川省学术和技术带头人、四川省“三八红旗手”、GF“511”人才等各类高层次人才10人次，有2个“核应急环境安全智能感知与预警”“核废物环境下的生物效应”国防科技创新团队，是一个学历高、活力足、战斗力强的党支部。党支部于2023年入选第二批四川省高校“双带头人”教师党支部书记工作室培育单位，2024年获批四川省高校“双带头人”教师党支部书记“强国行”专项行动团队，2023年获得学校首批合作共建党支部“联珠计划”项目，2024年获得学校首批“利刃计划”教学科研创新团队党支部。创新中心获“绵阳市涪城区‘推动高质量发展’突出贡献先进集体”，获学校“优秀科研平台”、第二批“巾帼建功岗”荣誉称号。

核环境安全技术创新中心党支部开展放废治理党建联建活动

强化党建引领　构建“五星联珠”党建链

在开展党建联建方面，核创中心党支部秉承“小核心，大协作”党建联建模式，继续推行“联珠计划”，在“五星联珠”的基础上“众星汇聚”，打造“以共建促党建、以共建促业务、以共建促合作、以共建促发展”的四促工作格局。与中国科学院核物理与化学研究所聚变裂变混合能源研究中心党支部、中国核动力研究设计院第一研究所十三党支部、中国兵器装备集团自动化研究所有限公司智能测控党支部和中国空气动力研究与发展中心空气动力试验基地第四试验部五室党支部开展党建联合。“小核心”是以核创中心党支部为核心；“大协作”是与联建党支部，围绕“共过组织生活、共享党建资源、共促核环境安全队伍建设、共培党建和科研项目、共推核环境安全事业发展”等开展协作。强化以党建联建促科研联动，围绕“以核为核”，针对国家国防重大战略需求，开展党建与科研全面合作共建；通过形式多样、主题鲜明的系列活动，提升党的号召力、凝聚力和战斗力；开展切实可行的党建联建活动，双方设置联合领导组，共同推进项目开展；设置党建推进及技术研发工作小组，组织开展党支部之间共建活动的具体实施、课题研究工作。

推动科技赋能　实现“党建+业务”双融合

在推动科技赋能方面，核创中心党支部采用“筑牢核心、交叉融合、创新发展”的“党建+业务”工作模式，建设样板支部建设基地、学术创新基地、前沿技术研发和产业引领基地、卓越技术人才培养基地，以“持续性创新聚变，开放式创新裂变”模式推动科技赋能。以习近平新时代中国特色社会主义思想为引领，聚焦国家核能开发、军工核设施退役及放射性废物治理专项等重大工程，备战打仗应急响应战略真实需求，依托高校、科研院所、企业和军队优势单位，网聚中核集团、中广核集团等20余家需求单位，承担项目总经费达5500万元，其中，国防军工项目经费达2000万元，形成优势资源整合、学科交叉融合、关键技术研发延伸落地、成果转化应用示范、新型产业裂变迭代的良性合作循环。在核环境安全技术领域，加速形成党建引领产学研的新型合作转化模式，实现高水平协同创新，获得省级科技进步奖一等奖、国防科技进步奖二等奖等奖项，主办、承办50余场国内外各类学术会议。

深化实践育人　打造“社校企”共同体教育模式

在提供教育服务方面，核创中心党支部实施“社校企”共同体教育模式，通过提供教育服务，打造核科普教育基地，进一步构建主体多元、手段多样、供给优质、机制有效的科学教育与创新体系，把核科学理念根植于大学生群体，让参与者“走近”核、“看见”核，加深对核的认识，助力形成一大批具备未来科学家潜质的年轻群体。核创中心党支部带领师生党员深入中核404、中核821、中国核动力研究设计院等一线开展调研实践活动，通过调查研究、访谈交流、技术服务、技术咨询等形式，持续完善价值引领、实践体验和社会服务相统筹、校内校外一体化的实践育人机制，引导师生党员在丰富实践中受教育、长才干、作贡献，鼓励他们在专项行动周期内，围绕服务地方经济社会高质量发展，形成高质量调研报告、地方发展咨询报告等。

未来，核创中心党支部将持续深入贯彻落实习近平总书记关于“要坚持安全发展、创新发展，坚持和平利用核能，全面提升核工业的核心竞争力”的重要指示精神，坚持“四个面向”，以国家核安全发展重大需求为牵引，围绕服务国防科技和经济社会发展重大战略，立足中国（绵阳）科技城区域发展需求，继续做到：强化使命定位，充分发挥技术引领作用，不断推进应用基础研究、技术开发和工程应用，努力将创新中心打造成为支撑有力、根基深厚的科技创新平台；加强人才培养，大胆创新，积极营造人才发展良好生态，努力把创新中心打造成汇聚培养高端人才的基地；加强合作交流，加快建设，加强协同，努力打造支撑长远发展的战略性科技力量，有力支撑我国关键领域技术发展，为国家科技自立自强作出应有贡献。

（匙芳廷）

“党建+科研”双核驱动创新发展

◎ 生命科学与农林学院林草竹种质创新科研团队党支部

生命科学与农林学院林草竹种质创新科研团队党支部是学校“利刃计划”特色党建项目的执行单位之一。该党支部成立于2023年12月，现有教师党员25人，其中正式党员24人、预备党员1人。党支部成员老中青相结合，职称结构合理，涵盖了生物学、林学和草学等多个学科领域。该党支部以科研团队为依托，将党建工作与科研工作深度融合，形成了“党建+科研”的双核驱动模式。这种模式不仅提升了党支部的凝聚力和战斗力，也极大地推动了科研工作的创新发展。

创新组织设置 打破壁垒促融合

林草竹种质创新科研团队党支部的组建打破了传统的科研团队、专业、学科间的壁垒，创新了组织设置模式，始终坚持“党建引领科研，科研促进党建”的理念，将党建工作与科研工作深度融合，促进党建、教学、人才培养和科研的同步发展，提高科研组织化和协同化水平，努力争取大项目、形成大合力、培育大成果、产生大绩效。党支部定期组织学术交流活动，邀请国内外专

林草竹种质创新科研团队党支部合影

家举办高水平学术报告，鼓励团队成员参加国际国内重要学术会议，拓宽学术视野，提升学术影响力。同时，党支部积极与当地政府和企业联合开展党建活动，促进产学研用的深度融合，为科研成果的转化和应用搭建了广阔平台。

党支部组织开展丰富多彩的主题党日活动，持续加强规范化建设，完善组织和制度建设，结合党支部实际情况，探索形成成熟有效的党建工作制度体系；认真总结典型案例，整理典型事迹和重大成果等相关资料，树立学习模范，开展宣传活动，引导党员将个人科研与国家战略需求紧密结合，激发党员的责任感和使命感，并积极吸收优秀青年教师加入党组织，筑牢基层党组织的战斗堡垒。

强党性提能力　党建业务双提升

党支部始终将党员教育作为重点任务，通过集中学习、专题讨论、撰写心得体会等多种方式，提升党员的党性觉悟和政治意识。党支部组织党员深入学习贯彻历次主题教育，将理论学习成果转化为推动科研工作的强大动力。党支部注重发挥党员的先锋模范作用，鼓励党员在科研工作中勇挑重担、敢于创新。例如，在竹种质资源选育技术创新项目中，党员科研人员经过多年的努力，成功选育出多个优良竹种，为竹产业的发展提供了有力的技术支持。

为确保党支部工作的高效开展，党支部建立了完善的工作机制，严格执行组织生活会和民主评议党员制度，定期开展批评与自我批评，查找问题，及时整改。同时，党支部建立了常态化的团队学术交流机制，每年组织团队成员报告学术研究进展，形成了良好的学术氛围。在经费保障方面，学校和学院为党支部提供了必要的支持。党支部科研团队运行经费主要用于项目申报、专家咨询、学术交流和成果转化等方面的开支，党支部建设经费则用于组织生活开展、学习教育和组织党员参加社会服务和调研等，为党支部工作的顺利开展提供了坚实的物质保障。

党建赋能发展　创新驱动结硕果

在“利刃计划”的推动下，林草竹种质创新科研团队党支部在党支部建设、党员发展以及在林草竹等领域的科学研究中取得了重要突破。在组织建设方面，党支部初步完成1项制度建设，其中由本支部提交的案例《聚焦青年人才，优化党员发展》入选《绵阳市党支部标准工作法工具书案例》选编。2024年，党支部顺利通过学校“利刃计划”党支部中期检查评审，并获得优秀；2024年，党支部获得“生命科学与工程学院优秀党支部”称号。

近年来，支部党员多次组织和参加国内外林草竹学术会议并受邀作相关学术报告，显著提高了党支部科研创新团队的学术影响力；支部党员在林草竹等领域内发表16篇高水平学术论文，其中在*Science*子刊*Science Advance*期刊发表2篇学术论文，在植物学顶刊*The Plant Cell*以及T3级别期刊发表2篇学术论文，在T4级别期刊发表2篇学术论文。这些成果不仅展示了支部党员的科研实力，也为学校赢得了声誉。与此同时，党支部积极组织党员申报国家级、省级科研项目30余项。2024年，支部党员获得2项国家自然科学青年基金、5项四川省科技厅项目基金，1人获得“绵阳市优秀共产党员”称号。党支部还组织党员积极申报省部级科技奖励，获得2024年四川省科技进步奖一等奖1项。

通过一系列创新举措的实施，党支部在党建创新和科研引领方面取得了显著的成效。党支部的凝聚力和战斗力得到了显著提升，党员的积极性和创造性得到了充分发挥。展望未来，党支部将继续以学校“利刃计划”为引领，充分落实学院“‘党建+事业’3532双螺旋”品牌建设行动要求，进一步加强党支部规范化建设，完善党建工作制度体系，探索形成可示范、可推广的党支部建设与科研团队建设有机融合机制。同时，党支部将积极申报全国党建工作样板支部，努力打造具有国际影响力的高水平科研创新团队，为学校的内涵式高质量发展提供有力支撑，为我国林草竹产业的发展和国家粮食安全作出更大的贡献。

（高永峰）

“党建红”引领“发展兴”

◎ 土木工程与建筑学院工程管理党支部

在高等教育领域深入推进党建工作与教育教学协同发展的时代浪潮下，众多党支部积极探索创新，力求在人才培养、科研创新以及社会服务等关键板块中发挥关键作用。土木工程与建筑学院工程管理党支部作为四川省高校党建工作样板支部，坚持以立德树人为核心，用创新的工作方法推动党建与教育教学深度融合，在人才培养、科研创新和社会服务等方面成绩斐然。他们秉持“一核心、三聚焦、五融入”工作法，在党建与教育协同发展的道路上，踏出了一条具有鲜明特色的奋进之路。

聚焦育人核心　筑牢思想根基

为党育人、为国育才是我们的神圣使命，我们必须把思想政治工作贯穿教育教学的每一个环节。在课堂上，教师将习近平新时代中国特色社会主义思想巧妙融入“土木工程材料”“工程经济学”等课程。思想政治工作体系如同一条纽带，依托“土木工程施工技术”等课程思政建设项目，紧密连接起学科、教学和教材体系。近年来，党支部在教育教学方面收获颇丰，荣获全国煤炭行业教学成果奖一等奖，获批多项国家级、省级课题，还产出了一系列课程思政优秀成果。

为深入贯彻“三全育人”要求，党支部积极与中国五冶集团有限公司、中建地下空间有限公司等20余家单位合作。校外专家走进校园，参与培养方案修订、课堂教学等工作；校内外教师相互学习，共同提升育人水平。同时，科研创新指导贯穿学生学习全过程。近5年来，工程管理系本科生在各类项目中表现出色，发表了30余篇学术论文 。

聚焦关键领域　强化支部建设

思想政治教育是党员的精神支柱，党支部严格落实“三会一课”制度，组织党员实地走访朱德故居、邓小平故里等地。支部党员在党建主题竞赛中屡获佳绩，在学校“奋进百年路，启航新征程”主题征文、“党史我来讲、红色照我心”演讲比赛等活动中也取得优异成绩。

师德师风建设是教育的灵魂。党支部通过理论学习与案例研讨等方式开展师德师风教育，组织了20余次师德师风文件学习会，学习了18次张桂梅、钟扬等典型人物事迹，举办了“寻找最可爱的人”等活动，激发教师的责任担当。

党风廉政建设关乎教育事业的清风正气。党支部通过廉政主题学习、警示案例教育等多种方式，针对高校重点领域和关键环节开展教育。近5年来，党支部开展20余次廉政文件学习、10余次警示案例教育，还组织了摄影比赛等活动，强化教师廉洁从教意识。

工程管理党支部赴廉洁教育基地参观学习

融入发展全局　推动事业进步

在队伍建设方面，党支部以培育中坚力量为抓手，凝练形成工程管理党支部工作准则。党员们在专业建设、教学管理和人才培养中发挥模范带头作用。党支部荣获“西南科技大学先进基层党组织”称号，获批四川高校党建工作样板支部。

为助力教师发展，党支部开展“初心”“仁心”领航活动，实施青年教师“导师制”，搭建科研党建平台。近5年来，多名党员晋升高级职称，在教学竞赛中获奖，还有党员教师成为国外访问学者。

在人才培养上，党支部构建“师生共学共研”机制。“书香班级”等活动成为师生共学品牌，党员教师在学生成长中发挥重要作用。工程管理系学生在各类竞赛中获奖100余项，多人获得行业顶级奖项。在科研工作中，党支部以党建引领，主动对接国家战略需求，通过组织党员学习国家发展规划、开展学术交流，激发党员创新活力。近5年来，支部党员获批多项国家级、省部级课题，发表100余篇高质量论文，获得多项科研奖励。

党支部积极构建校企联建机制，与四川东升工程设计有限公司党支部等联合开展活动，通过校企共建共融，实现资源共享、师资共享，强化了在人才培养、科研等方面的合作。

未来，工程管理党支部将持续深化“一核心、三聚焦、五融入”工作法，以更高标准推动党建与业务深度融合。在党建引领下，一方面，聚焦国家战略需求，不断探索教育新路径，积极开展科研工作，争取产出更多高水平科研成果；另一方面，通过党建联建共建，深化校企合作，推动资源共享与优势互补，为地方经济社会发展提供有力支撑。在此过程中，工程管理党支部不仅为高校党建和教育事业高质量发展贡献力量、书写辉煌篇章，也助力开创更加美好的未来，推动高校党建与教育事业迈向新高度。

（郑　召　王　波）

“三联”共建数字引擎 “三力”全开智能动能

◎ 计算机科学与技术学院计算机工程系党支部

在乡村振兴战略全面推进的浪潮中，数字乡村建设成为其中的关键一环。计算机科学与技术学院计算机工程系党支部积极响应时代号召，以习近平新时代中国特色社会主义思想为指引，依托学科专业优势，与江油市青莲镇双石村党总支携手开展“联珠计划”，为乡村振兴注入数字力量，探索出一条校地联合共建的创新之路。

计算机工程系党支部开展“双促双建，共话治理”主题党日活动

双方以打造“四强”党支部为目标，围绕党支部标准化、规范化建设，创新推出“1+1+1”联动机制。一支支特色党员志愿服务队活跃在乡村的各个角落，“师生入村帮扶”活动开展得如火如荼，参与师生累计66人次，为乡村发展注入新鲜血液。“折耳根”科普宣讲团将知识的种子播撒在乡村，丰富了村民的文化生活。“智‘绘’乡村”大学生社会实践基地和“数‘智’农业”实习实训基地相继建成，助力双石村文旅融合、乡村智能治理以及数字助农等工作稳步推进。在实践中，双方不断总结经验，党建工作质量和科学化水平显著提升，党组织的战斗堡垒作用愈发凸显。

为使党建学习更具吸引力，共建双方充分共享各类资源。在可视化学习平台上，双方党员轮流开讲，从党史知识到国家发展成就，学习形式新颖多样。利用丰富的微党课资源开展学习，如利用“学思践悟党的二十大·踔厉奋发新青年”等主题，让党课内容更加充实。特别是联合制作的“向‘新’而行，以‘质’谋远”微党课，讲述了大学生在乡村振兴中的奋斗故事，深受好评。线上学习阵地“西科有妙计”“青莲双石村”微信公众号，定期推送学习内容，“指尖课堂”让学习融入日常。“行走的党课”和“田间课堂”，则让党员们在实地体验中提升政治素养和理论水平，让学习变得更加生动立体。

面对双石村发展的难题，计算机工程系党支部成立专题调研组，用数字化手段精准破题。针对村务管理平台的不足，双石村微官网应运而生，其2.0版进一步提升了村民参与乡村治理的便捷性，增强了村民的主人翁意识。在农业领域，智慧农业装备和技术大显身手，通过对土壤成分的精准检测和分析，规划特色作物种植方案，还利用“智慧植保大数据模型”项目，实现虫害的智能监测和防治。此外，“折耳根”科普宣讲团深入乡村，开展计算机知识普及活动，帮助村民提升数字素养，缩小数字鸿沟。

随着“联珠计划”的深入实施，双方共建共享取得了丰硕成果。党建工作创新不断，“三联三力”工作机制成效显著，被多家主流媒体报道。双石村荣获“绵阳市数字乡村示范村”称号，计算机工程系党支部也获评“西南科技大学优秀基层党组织”。如今，双石村的网络生态环境焕然一新，便民服务模式创新升级，群众满意度大幅提升。师生们在乡村振兴一线积极开展科研和教学改革，产出了一系列成果，在各类比赛中屡获佳绩。

“联珠计划”的成功实践表明，找准共建双方优势互补点，能产生强大的叠加效应。坚持党的全面领导，提升基层党组织组织力，深入开展调查研究，不断提高党建和业务水平，是实现党建与业务深度融合、推动事业高质量发展的关键所在。未来，计算机工程系党支部与双石村党总支将继续携手前行，为乡村振兴持续贡献智慧和力量，书写更加精彩的篇章。

（王修竹　陈玉芳　李　理）

“四化四维一高地”党建模式赋能新发展

◎ 数理学院物理学创新党支部

在新时代高等教育的浪潮中，党建工作已成为高校发展的重要引擎，引领着各高校不断探索创新，为培养高素质人才、推动科研进步贡献力量。在这一时代背景下，数理学院物理学创新党支部以党建为引领，在科研创新、人才培养、社会服务等领域积极探索，走出了一条独具特色的发展之路，用实际行动诠释新时代高校党建的力量。

数理学院物理学创新党支部（原应用物理学党支部）与中国电科第九研究所旋磁材料事业部党支部结对共建

“四化”模式 推动党建工作高质量运行

物理学创新党支部深知，坚实的党建基础是一切工作的前提。为此，党支部精心打造“四化”模式，推动党建工作高质量高效运行。

在党建工作引领化方面，党支部积极构建“师生共同体”新型导学关系，探索“全过程、浸入式、共同参与”的科研实践能力培养模式。他们将党支部党建与专业、学科建设深度融合，把思想政治工作贯穿于学生培养和专业发展全过程，成功构建“三全育人”一体化工作体系，让党建引领的旗帜在育人各环节中高高飘扬。

在党建活动品牌化方面，党支部依托“课程建设、学科竞赛、教师团队”三个抓手，形成“党建+教学”“党建+双创”“党建+服务”三种模式。每一次主题党日活动、每一场科创竞赛、每一次专业实践，都成为党性培养、信念教育和专业提升的生动课堂。“数理之美”党建品牌愈发响亮，党建工作变得有章可循，扎实有效。

在党建发展共建化方面，党支部以党建为引领，打造“人才培养、学科建设和服务国家重大战略需求”的三位一体发展模式。借助校企合作、校友信息库等社会资源，聘任企业家、研究员、优秀校友担任学生成长导师。通过共享党建资源、共过组织生活等方式，实现了校企深度合作、共同发展。

在党建服务先锋化方面，党支部教育引导党员师生牢记校训，积极参与志愿服务。在送科学入彝乡、关爱失独老人和乡村儿童等活动中，都有党员师生忙碌的身影。他们用实际行动做表率、送温暖、勇担当，深化实践育人，落实以德育人。

“四维”发力 凝聚发展合力

在推动发展的道路上，物理学创新党支部从四个维度精准发力，形成强大党建新合力。

科研创新是党支部攻坚的重要领域。聚焦科研难题，党员勇挑重担，带头组建攻坚小组。党支部书记毕于铁及其团队在火星探测项目中，成功突破核辐射探测材料关键技术，取得了显著的经济效益和社会效益。党员教师熊政伟、温才等也积极与相关党组织合作，在法拉第旋光器等研究上取得重要进展，累计到账经费300余万元。

在产教科融合方面，“联珠计划”发挥了关键作用。物理学创新党支部与中国电子科技集团第九研究所旋磁材料事业部党支部共联共建，双方携手突破多项关键核心技术，成功孵化绵阳涵睿科技有限公司，建成微波射频器件封装线，实现年产值1000余万元。联合申报多个项目，获批多项授权国家发明专利，发表大量科研论文，并协办行业高峰论坛，拓展了行业影响力，为产教科融合发展开辟了新路径。

人才培养是党支部的核心任务之一。“育苗计划”聚焦学生全面成长，依托学院科普育人体系，多次开展“科学启蒙”教育示范课。同时，定期开展“行走的党课”主题党日活动，让学生党员在实践中接受思想洗礼，提升专业自信，实现培根铸魂、教学相长。

党支部构建的“三全育人”一体化工作体系，形成了人才贯通培养模式与创新示范矩阵计划。研究生党员在学术研究和学生管理中发挥桥梁作用，通过开展学术交流活动，组建科研团队，营造了良好的学习氛围。

坚守纪律高地　护航党建发展

党支部始终将纪律建设作为党建工作的重要保障。纪律不仅是管党治党的“戒尺”，更是党员约束自身行为的标准和遵循。党支部在开展主题教育、日常学习中，把纪律建设摆在突出位置，坚持党性党风党纪一起抓，积极响应学院纪委举办的“校园廉影”廉洁文化作品征集活动，引导全体党员群众学纪、知纪、明纪、守纪。

强基是发展的基础和动力源泉，共建是发展的方向和内在要求。党支部以强基促共建，以共建促党建，实现强基共建与高校党建的良性互动，进一步发挥物理学创新型党支部的战斗堡垒作用。

如今，物理学创新党支部正以“四化四维一高地”党建模式为指引，不断深化党支部建设。在新时代的征程中，党支部将充分发挥战斗堡垒作用，以党建赋能发展，书写更加辉煌的篇章，为高校党建工作提供可借鉴的成功范例。

（万　吉）

以党支部为堡垒　赋能文化创新传承

◎ 文学与艺术学院中华优秀传统文化教学与传播党支部

文学与艺术学院中华优秀传统文化教学与传播党支部成立于2023年，入选西南科技大学本硕博贯通培养“育苗工程”创新型党支部，同时也入选西南科技大学第二批合作共建“联珠计划”党支部。党支部始终致力于传播中华优秀传统文化，尤其在培养具有深厚文化底蕴的海外传播中华传统文化学者方面成果显著。党支部周冰同志获批四川省第十四批学术与技术带头人，田彬华同志获批四川省第十四批学术与技术带头人后备人选。

中华优秀传统文化教学与传播党支部开展经典红歌中的百年党史特色党课

善学善思　以理论之光照亮传统文化传承之路

党的十八大以来，围绕传承和弘扬中华优秀传统文化，习近平总书记发表了一系列重要论述。中华优秀传统文化教学与传播党支部积极响应时代号召，深耕理论沃土，引领中华优秀传统文化传承新篇章。

党支部始终将深入理论学习作为提升党员素质、强化组织建设的关键环节，致力于将习近平新时代中国特色社会主义思想内化于心、外化于行。通过精心策划和组织，支部党员深入学习贯彻党的二十大、党的二十届三中全会及全国教育大会等重要会议精神，采用集中学习、专题研讨、主题党日活动等多种方式，不断增强“四个意识”、坚定“四个自信”、做到“两个维护”。

在理论学习的基础上，党支部紧密结合自身特色，聚焦中华优秀传统文化传承与发展这一核心主题，组织党员积极撰写相关文章并在《中国文化报》《淮南日报》等重要报刊发表。这些理论文章深入探讨了中华优秀传统文化“两创”理论，为传统文化在新时代的传承发展提供了清晰的思路和方向，同时也彰显了支部党员在中华优秀传统文化领域的深厚学术积累和独到见解，为推动该文化的创新性发展注入了新的活力和智慧。这一系列理论成果，进一步夯实了党支部在思想建设方面的基础，让全体党员在传承与发展中华优秀传统文化的征途上，信念更加坚定，方向更加明确，为中华优秀传统文化的繁荣发展贡献了不可或缺的力量。

共建共联 以“联珠计划”为桥梁构建发展共同体

党支部与绵阳市非物质文化遗产保护中心党支部携手合作，成功立项学校“联珠计划”。联建党支部以“党建引领·校地共建”为核心理念，创新构建基层党组织“1+N”协同发展模式，通过“组织联建、资源联享、项目联推”的三联机制，深度融入地方发展大局，形成“党课联讲、活动联办、人才联育”的特色实践路径，推动党建工作与业务工作高质量发展。

在校地协同育人方面，党支部打造“行走的思政课”品牌，多名党员利用专业优势，创新采用“社区课堂+文化传承”双轨模式，走进社区、企业开展巡回宣讲，覆盖区域内近10个单位，惠及居民1万余人次，实现优秀传统文化教育从校园向社会的辐射延伸。在校地文化共建方面，党支部牵头搭建“传统文化共同体”平台，以“诗弦和鸣”二胡独奏音乐会为载体，与地方文艺院团合作编排《光明行》《我的祖国》等红色经典曲目，开展了8场“音乐党课”巡演，用红色音符传承红色基因。

通过构建“组织共建、人才共育、产业共兴”的三维矩阵，党支部实现党建工作与地方发展的同频共振，积极探索并实践新的传播方式和方法，利用现代化的传播手段与绵阳市非物质文化遗产保护中心共同推动中华优秀传统文化在新时代的广泛传播与发展，实现文化与教育的深度融合与共同繁荣，进一步提升学校在文化传承与创新领域的领先地位，持续为区域文化事业注入红色动能。

文化出圈 以中国故事打造新时代文化风向标

作为学校海外教学人才培养的重要阵地，党支部始终坚持以党建引领为核心，深度融合党建工作与人才培养，致力于打造具有创新性和示范性的党建品牌，为学校发展注入新的活力与动力。

党支部郝然老师作为孔子学院公派教师，在英国的切斯特大学和布莱肯中学组织并参与了中国传统文化活动。在春节活动的庆祝中，郝然老师向学生们娓娓述说着“福”字与“龙”字之书、剪纸艺术、绘画创作以及中文歌曲的华美故事。沉浸式的传播让国外学子身临其境，深刻感受中华文化影响力，实现文化价值的深度传递。

支部党员刘贞真和陈皓在泰国南部学校积极开展支教工作，为文化传播贡献力量。刘贞真在洛坤府高级中学的高一年级商务汉语课程“初次见面”中，以名片为切入点，发起创作活动，巧妙融入麻辣烫、小笼包等中国元素，深化学生对中国文化的理解。在高二年级商务汉语“流行服装款式”课程中，她深入讲解中国传统民族服饰的历史美学，让学生直观感受中国传统服饰的魅力。陈皓在泰国南方大学附属中学任教。中秋节期间，他组织学生排练合唱《水调歌头·明月几时有》，荣获“最佳组织者”称号。春节期间，他详细讲解春节的由来、传统习俗及美好寓意，有效促进了中泰文化交流与合作，增进了两国人民的相互理解与友谊。

持续加强党的建设工作，以高质量党建引领高质量发展，打造特色党建品牌，是学校基层党组织的重要使命。在新时代的征程中，中华优秀传统文化教学与传播党支部将积极响应时代号召，不断筑牢党建根基，以创新为特色，以传播为担当，在传承与发展中华优秀传统文化的道路上稳步前行。

（罗嘉琪　郭　桐　许蕊涵）

为党育苗　点亮成长之光

◎ 西南科技大学附小、幼儿园党支部

在西南科技大学的教育体系中，附小、幼儿园党支部正以创新实践深耕党建工作，为孩子们搭建育苗“大舞台”，铺筑成长“快车道”，将党的组织优势转化为教育发展的强大动力，书写着为党育人、为国育才的动人篇章。

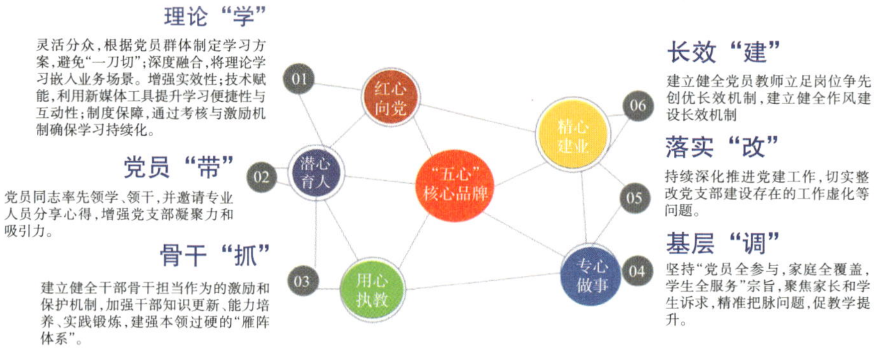

附小、幼儿园党支部特色党建品牌矩阵图

走进附小、幼儿园，“五心”党建品牌深入人心。“红心向党、潜心育人、用心执教、专心做事、精心建业”，这不仅是口号，更是全体党员的行动准则。以此为核心，“理论学”“党员带”“骨干抓”“基层调”“落实改”“长效建”六大子品牌如繁茂枝叶，构建起纵横交错、上下联动的党建品牌矩阵。

在这里，党建与教育教学深度融合。从幼儿启蒙到小学基础教育，党员教师们把党的教育理念贯穿始终。通过孵化“吸收好苗子”“共建好生态”等特色党建项目，挖掘、培养优秀教师。一批又一批政治素质过硬、教学能力突出的教师加入党组织，为教育事业注入新鲜血液，实现干部队伍的“青蓝相续”。

在人才培养方面，党支部充分发挥大学附属教育机构的独特优势，推出“实践平台＋能力模块”人才培养举措。党支部借助党建引领，从学校文学与艺术学院、体育与健康学院和马克思主义等学院邀请专业教师和优秀大学生“到校进班”义务讲学。同时，附属小学学生还有机会走进学校的国家重点实验室等机构开展研学活动。这种模式不仅打破了高等教育与初等教育之间的隔阂，还让大学教师和大学生的亲身经历感染附小学生，为孩子们构建起独特的成长平台。

在幼儿培育方面，党支部推行“家园共育＋联建共建”模式。学校社区与幼儿教育紧密联动，通过优化社区环境、组织亲子活动等方式，与家长和社区形成共建共治机制，有效提升了幼儿园的社会影响力。幼儿园还借助系列党建活动与家长互动，在幼儿群体中开展爱国主义教育和文艺活动，在培养幼儿“童心爱党”意识的同时，显著提高了家园合作育儿的效果。

经过一系列的创新实践，附小、幼儿园党支部取得了丰硕成果。在党建与业务融合方面，通过“一岗双责”机制，党建目标与业务目标高度统一，推动学前教育和基础教育高质量发展。

党员先锋模范作用得到充分发挥。党支部严格执行“党员示范岗”“家校合作示范岗”等机制，营造出全员参与育人的良好党建生态。以附属幼儿园园长许晓春为例，她将党建与幼儿教学有机结合，打造出“崇德立行”的文化内涵，赢得师生一致赞誉，带领幼儿园多次荣获绵阳市保教质量评估一等奖。

基层治理效能明显提升。党支部通过网格化管理与多元化党支部形式，扩大了基层党组织的覆盖范围，增强了服务能力。党支部通过实施“督查＋回访”机制，有效解决了小升初择校、课后延时等教师和家长关心的问题，强化了保障服务部门的基层治理能力，实现党群共治。

未来，附小、幼儿园党支部将继续以党建为引领，从细微处着手，在思想建设、课程改革、教师培训、内涵建设等方面不断探索创新，巩固提升党支部标准化建设成果，践行“党建引领，立德树人”的教育初心，为孩子们的成长奠定坚实基础，书写教育事业的奋进篇章。

（蒲子涵　许晓春）

党建引领学科发展　服务赋能健康中国

◎ 体育与健康学院运动康复教研室党支部

体育与健康学院运动康复教研室党支部打造了一支政治素养高、专业能力强的青年骨干教师队伍。党支部始终以“党建引领学科发展、服务赋能健康中国”为核心理念，聚焦运动康复与骨科医学交叉领域，探索“党建+专业+服务”融合发展路径。2024年10月，党支部与绵阳市骨科医院康复部党支部联合启动“联珠计划”，以校地共建为抓手，打造“医教协同、产教融合、服务惠民”的党建创新品牌。

运动康复教研室党支部携手绵阳市骨科医院康复党支部开展“关爱骨骼，健康生活”义诊活动

党建引领　红色引擎驱动医教协同创新

在当前医疗行业发展的大趋势下，医教协同的模式逐渐成为提升医疗服务质量、培养高素质专业人才的关键路径。运动康复教研室党支部与绵阳市骨科医院康复部党支部通过学校的“联珠计划”，共建合作平台。双方旨在通过资源共享、人才共育、科研共创、服务共担等多维度的深度合作，全力探索出一套具有创新性和可推广性的医教协同新模式。

党支部以“党建链”串联“业务链”，与绵阳市骨科医院康复部党支部签订“党建共建与专业合作框架协议”，明确了双方在多个领域常态化开展合作的具体方向。在学术交流方面，定期组织学术讲座、研讨会等活动，促进双方人员的知识共享与思想碰撞；实习基地建设将进一步规范和完善，为学生提供更加优质、系统的实践环境；课题攻关则聚焦于运动康复与骨科医学领域的前沿问题和实际需求，共同开展科研项目，力求在技术创新和理论突破上取得新的成果。

医教协同　打造产教融合创新高地

“联珠计划”启动后，双方迅速将合作意向转化为实际行动，积极推进学术资源共享，致力科研攻关突破技术瓶颈。党支部书记赵静教授带领团队聚焦运动损伤康复评估、慢性骨骼肌疾病干预两大方向，组建党员攻坚突击队攻克难题。在讨论过程中，大学教授们带来了最新的学术研究成果和前沿理论，医院的医护人员则分享了大量宝贵的临床案例和实践经验，双方的精诚合作为临床诊断和治疗提供了重要的参考价值，有力地提升了医院的诊疗水平。

此外，双方在科研合作方面也取得了重要进展。“基于人工智能的脑卒中上肢关节康复动态监测系统研发”项目正式进入科研申报阶段。该项目旨在研发一套能够实时、动态监测脑卒中患者上肢关节康复情况的智能系统，通过对患者康复数据的精准分析，帮助医生制定更加科学、个性化的康复方案。这一项目的提出，紧密结合了当下人工智能技术在医疗领域的广泛应用趋势以及脑卒中患者对于精准康复监测的迫切需求，不仅将为脑卒中患者带来更有效的康复治疗手段，也标志着双方合作向技术攻关的纵深方向迈出了坚实的一步，为运动康复与骨科医学领域的科技创新注入新的活力。

服务惠民　践行健康中国使命担当

双方党支部始终坚持党建引领与事业发展相融合，将专业能力转化为惠民成果的理念，积极开展各类公益活动，切实为社区居民的健康谋福祉。基于此，双方党支部先锋服务队多次前往绵阳市各社区开展“健康进社区”义诊活动，受到当地居民的热烈欢迎和广泛关注。

运动康复教研室党支部充分运用所学的运动功能评估技术，为居民们提供骨关节健康筛查服务。他们耐心地为每一位前来咨询的居民进行详细检查，仔细询问病史和日常活动情况，运用专业的评估工具对居民的骨关节功能进行全面评估。在筛查过程中，他们发现了多位因运动损伤长期行动不便的老年患者。这些患者由于缺乏专业的康复指导，病情一直未能得到有效改善，生活质量受到了严重影响。对于发现问题的居民，他们不仅向其详细解释病情，还给予针对性的康复建议。

绵阳市骨科医院康复党支部则在另一边忙碌地为人民服务。他们现场演示居家康复训练方法，通过生动形象的示范和耐心细致的讲解，让居民们轻松掌握了一些简单有效的康复训练动作。这些动作不需要复杂的器械，在家中就能完成，非常适合老年人日常锻炼。同时，医院团队还为居民发放了500余份科普手册。这些手册内容丰富，涵盖了常见骨关节疾病的预防、康复知识以及日常生活中的健康小贴士等，图文并茂，通俗易懂，受到了居民们的一致好评。

运动康复教研室党支部和绵阳市骨科医院康复部党支部以党建“联珠”为契机，在党建引领、学术联动、服务基层和育人实践等多个方面都取得了显著成效。展望未来，双方将持续深化校地合作内涵，进一步拓展合作领域，提升合作层次，为推动区域健康事业发展和高等教育改革创新贡献更多力量。

（赵　静）

先锋示范

坚守初心二十载　深耕育人“责任田”

◎ 经济管理学院　辛婷

2024年是辛婷走上辅导员工作岗位的第20年。“全国优秀教育工作者”与“全国最美高校辅导员”的称号，成为她职业生涯中的两份特别礼物。四川省优秀教师、四川省名辅导员、四川省首届“四有”好老师、全国高校辅导员年度人物、“辛婷思政名师”工作室……诸多荣誉给辛婷罩上层层光环。但接触过辛婷的人都知道，质朴、真诚、爽朗，始终是她的本色。脚穿平底运动鞋，一身简朴装束，奔走在教学楼与学生宿舍之间……20年来，这是辛婷的常态。从学生口中的“辛姐”到“辛妈”，辛婷始终不忘初心、砥砺奋进，成长为一届又一届学生亲近的知心朋友和可靠的人生导师。

带班有方　创“泡菜坛”理念

辛婷2001年入校工作，2004年成为全职辅导员，一直任职于经济管理学院。辛婷刚到辅导员岗位时，时刻处于待命状态，一旦接到学生的电话就要立刻行动。当时，辛婷平均每天接听并回复20多个学生电话，50多条学生短信、QQ和留言，每学期要随堂听课20余次，每年要与学生进行300多次谈心

辛婷参加四川省高校辅导员队伍建设座谈会

谈话。“常进学生门，常知学生事，常解学生忧，常暖学生心”是辛婷的工作作风，加上她有心理学专业背景加持，在学生中的受欢迎程度只增不减，所带的班级逐步增加，人数越来越多。

辛婷说：“我们辅导员每年平均带两三百个学生，如何使教育更好地覆盖到每个学生，这个问题值得我们思考。”辛婷想起儿时祖母一边做泡菜，一边给她讲：“泡菜要好，首先要泡菜坛的水好。只有坛里的水纯正了，泡菜才可口。”带班，也正是这个道理。良好的班风、优秀的班集体，正是处于“拔节孕穗”期的大学生们成长所需要的优质“泡菜坛水”。在这样的“坛水”里“浸泡”4年，无论入学时学生们的差别有多大，毕业时他们的“味道”都差不到哪里去。

为调制纯正的“坛水”，辛婷不断探索着班集体建设之路。每带一届新生，她都要指导学生制定班级目标，引导他们把班级目标分解为个人目标。大学4年，辛婷通过分层次、分阶段开展“经营我的大学”系列主题教育，为学生开展理想信念、职业规划、就业指导、心理健康等教育活动，帮助学生和班级确立奋斗目标，把班级建设和个人发展结合起来。辛婷还不厌其烦地给每位班委做任前谈话，要求他们进行述职。她还拓宽班集体建设的有效途径，将人生价值、人生理念融入班风学风，营造以文化人、以文育人的和谐班集体。通过“班级目标、干部培养、集体活动”搭配合理的优化“套餐”，辛婷真正把班集体这坛“泡菜”泡对了味儿。

以身躬耕 建“子云圃”基地

2018年秋，根据学校统一安排，经济管理学院大一学生在西山校区上课，辛婷的工作主阵地也暂时转到这里。思想政治教育是辅导员工作的核心内容之一。如何让思政工作落到实处？辛婷想到了以劳动为抓手。她向学校申请了一块荒地，跟学生一起挥锄、除草，用一个多月的课余时间，把荒地开垦出来，种下各种蔬菜。辛婷说：“基地旁边就是西汉大文学家扬雄的读书台，耕读传家，说的就是既要读书，也要劳动。”因此，当学生们提出把基地命名为“子云圃”时，辛婷分外赞赏。

基地初建时，有部分学生是不喜欢劳动的。当看着一茬又一茬的蔬菜发芽、蓬勃生长起来时，学生们真切体会到了“有付出就有收获”的喜悦，开始真正热爱劳动。除了在地里劳动，辛婷还指导学生开设“子云圃”公众号，成立“子云亭”宣讲队，广泛宣传劳模故事和劳模精神；引导学生开设“子云圃”购物群，在收获的时节指导同学们采摘和义卖，让学生理解电商平台和物流配送，提高学生专业实践能力；指导学生将收入捐助给山区儿童，使学生们的责任感和自豪感倍增。这样的责任感和自豪感更毫无意外地“反哺”到学生们的学习态度，甚至人生观和价值观中。有个来自农村的女生，刚参加劳动的时候，向辛婷抱怨：“我考大学就是为了不种地，现在却让我种地。”半年之后，女生的思想发生巨大转变，她向辛婷坦言：“参加劳动之后，我突然理解了自己的父母，我们的共同语言多了很多。”到北京工业大学读研的2019级本科生王志浩原本也对田间劳动充满抵触情绪，但看着原本杂草丛生的荒地变得井然有序、生机盎然，他心里也美滋滋。其他老师打趣辛婷：“你又不是生命学院的教师，自己都不会种菜，为什么还教学生种菜?”她笑着回答：“我这院子里养育的可不仅只有菜，还有人。”

点一盏“心灯”　守护学生成长

从事辅导员工作20年，辛婷带了5届学生，共计1600余人，在校期间无1名学生违纪，500余名学生考上研究生，就业率达95%以上，而且80%的学生扎根在基层，奋斗在西部地区的建设中。10余名学生获评四川省优秀毕业生，学生在国家级、省部级等创新创业竞赛中获奖百余项。

辛勤工作的同时，辛婷努力学习心理学、教育学、职业规划等知识，不断充实提高自己，考取了国家二级心理咨询师资格证，主持10余项校、厅级思政课题，出版1部思政专著、发表10余篇论文，1项成果获市级以上奖励。她创建了学校思政工作室和辅导员工作室，积极发挥“传帮带”作用，工作室培育和指导出2名全国高校辅导员年度人物、4名四川高校辅导员年度人物。

有一天，辛婷接到一名毕业已经10年的学生的电话。电话中，学生向辛婷诉说工作中的困惑。辛婷和他开展了一番谈心后，学生释然地说：“老师，我这时就像个小孩，知道有颗糖不该吃，可就是舍不得放下，这时候需要有个人来敲打敲打我。现在我知道该怎么做了。”这次与学生的通话深深地触动了辛婷，她说：“作家柳青曾说，‘人生的道路虽然漫长，但紧要处常常只有几步，特别是当人年轻的时候’，能做一盏灯，照亮学生前行的方向，无论他们走多远，需要时总能想起我们这盏为他们守候的灯。作为辅导员，我是自豪的。”

辛婷做辅导员的20年，是一届又一届学子的青春岁月，也是她努力奋斗的峥嵘年华。年过不惑还奋斗在辅导员工作一线，辛婷很自豪："辅导员工作琐碎繁杂，辅导员的职业有时令人望而生畏，但随着时间的积淀，当你找准了位置，有所作为时，你就会发现，辅导员这个职业让你甘之如饴，辅导员这份工作让你乐在其中。"在这个平凡的岗位上，辛婷仍将坚守下去，做出不平凡的业绩。

（辛　婷）

科技报国守初心　产学研创担使命

◎ 数理学院　陈浩

陈浩，西南科技大学研究生，被评选为全国高校“百名研究生党员标兵”。他于2010年进入西南科技大学学习，已在学校度过10余个春秋，从本科到博士，变化的是年龄，不变的是他坚守科技报国的初心。

陈浩个人风采照

科技兴则民族兴，科技强则国家强。党的十八大以来，以习近平同志为核心的党中央把科技创新摆在国家发展全局的核心位置，大力建设创新型国家和科技强国。西南科技大学作为科技创新的策源地和人才培养的重要高地，始终肩负着历史赋予的重任，瞄准世界科技前沿，强化科技创新、教育创新，不断引领青年学子坚守理想、矢志创新，在实现高水平科技自立自强中勇担当、善作为。

争做科技报国排头兵　为科研创新助跑

习近平总书记指出："重大科技创新成果是国之重器、国之利器，必须牢牢掌握在自己手上，必须依靠自力更生、自主创新。"作为四川省青年科技创新研究团队的一员，在导师代波教授的指导下，陈浩始终以党员勇挑重担子、敢啃硬骨头的担当，在国家重大项目中主动承担最难课题。他和团队成员依托国家重点实验室科研平台，经过3年的潜心钻研、不懈努力、攻坚克难，成功研制出微米级响应热流传感器芯片，其响应速度是国外同类产品的4倍，打破国外技术垄断，实现国产替代。该芯片已在航空航天等领域广泛应用。读博期间，他以第一作者身份在*Appl. Phys. Lett*等期刊发表6篇学术论文，以第一发明人身份获得6项授权国家发明专利，荣获研究生国家奖学金、"全省大学生年度人物"等一系列荣誉。

争做服务社会带头人　为科技兴国助力

习近平总书记来川视察时作出"在推进科技创新和科技成果转化上同时发力"的重要指示。带着满心的憧憬和期待，他积极响应习近平总书记的号召，作为绵阳市第二批科技助理正式上岗。在担任科技助理期间，他切实聚焦科技创新难点堵点痛点，打破制约科技成果转化的“中梗阻”，让多项科技创新成果从实验室走向生产线，从“书架子”走向“货架子”。他牵头组建的科技服务博士团，为地方企业在对接需求、解决技术难题等多方面发挥了重要作用。从高校学生到科技助理，他始终牢记习近平总书记的殷切嘱托，时刻保持拼搏进取的干劲和热情，主动出击、主动作为，努力推动科技成果、科技资源在不同领域、不同层级、不同单位之间流通互动，为绵阳科技发展注入新动能，插上新引擎。

争做创新创业践行者　用实干践行使命

“青年人是全社会最富有活力、最具有创造性的群体，也是推动创科发展的生力军。”2023年，陈浩以“烯时代——全球超快热流传感器领跑者”组队，参加了中国国际大学生创新大赛研究生成长组，斩获高教主赛道全国金奖，创造了学校在该项赛事国赛金奖零的突破。他领创的四川烯时代新材料有限公司致力于微秒响应热流传感器的研发及产业化，已成长为国家高新技术企业、四川省军民融合企业。同时，他还担任了四川省“青创计划”导师、绵阳市创业促进会导师，为积极助力大学生创新创业工作，发起成立了大学生青年企业家联合会并担任会长，个人也被评为“四川省十大创客之星”“绵阳市创业能手”，创业事迹被CCTV《大国商道》、今日头条等30余家媒体报道。

百舸争流，奋楫者先；中流击水，勇进者胜。作为为中国式现代化挺膺担当的广大青年之一，陈浩将继续心系“国家事”、肩扛“国家责”，善作善成、久久为功，立足科研岗位，发挥自身优势，把“科技报国”的理想和追求融入党和国家的事业之中，以青春之风，为强国建设、民族复兴伟业贡献磅礴力量！

（陈　浩）

躬耕稻海践初心　科技报国显担当

◎ 生命科学与农林学院　胡运高

在生命科学与农林学院的稻田里，有一位被人们亲切称为“候鸟科学家”的党员专家——胡运高研究员。30多年来，他扎根水稻育种领域，以“把饭碗端在中国人自己手里”为使命，将科研创新、人才培养与服务社会深度融合，生动诠释了共产党员的使命与担当，被评为“四川省先进工作者”，并成为享受国务院政府特殊津贴专家。

胡运高在孟加拉国指导水稻种植

科技兴国　破解粮食安全难题的“先锋者”

胡运高始终将国家粮食安全视为科研的核心使命，他多次公开强调：“粮食若出问题，我们将别无选择！”他带领团队连续攻克技术难关，成功培育出成冈优725、Ⅱ优725等32个高产优质水稻新品种，创造社会经济效益达74亿元。其中，“绵恢725”恢复系的选育与应用项目荣获国家科技进步奖二等奖，成功解决了亚种间杂交水稻产量与品质难以兼顾的难题，被评为国际领先水平。面对耕地减少和生态压力的双重挑战，胡运高凭借敏锐的洞察力和创新精神，带领团队研发出耐低氮型水稻品种及其配套的减氮栽培技术。这一技术在减少氮肥用量20%的情况下，依然保持水稻高产，平均每亩节约氮肥4千克，为生态环境保护提供了有力支持。由他主持的国家转基因重大专项“抗病转基因水稻新品种培育”，推动我国水稻抗病性研究进入新的发展阶段。这些成果的背后，是他每年长达七八个月坚守在海南南繁基地的辛勤付出。他以候鸟般的毅力，将育种周期从一年一季缩短至一年三季，大幅提升了科研效率，为我国水稻育种事业作出了卓越的贡献。

服务“三农”　乡村振兴路上的“实干家”

胡运高始终以党员的高度责任感推动科技成果落地，将“科研的终点是惠农”作为价值准则。2018年，他牵头成立“绵阳市水稻新品种新技术推广专家大院”，致力于将科研成果转化为实际生产力。他推广麦后水稻机直播高产栽培技术，省去育秧和移栽环节，每亩地节约成本200～300元；通过籼改粳技术解决水稻青立病问题，稳定了绵阳地区的种植面积。2024年，他选育的B优3925杂交水稻品种成为孟加拉国唯一通过审定的国际水稻品种。这一品种采用常规育种技术与分子育种技术相结合，具备抗白叶枯病、高直链淀粉、高产和耐高温等优点，在孟加拉国的高产示范试验中，产量可达每亩[①]666.67千克。该品种的成功推广不仅为孟加拉国的粮食安全提供了有力支持，也为“一带一路”共建国家的农业合作贡献了中国智慧。

面对梓潼县水稻病害频发的问题，他提出使用石灰和硫黄的简易方法，有效挽回了农民的损失。他常常在地里一待就是一整天，把论文写在稻田里，用农民听得懂的语言传授技术。他将实验室和稻田作为践行初心的阵地，生动体现了共产党员全心全意为人民服务的根本宗旨。

立德树人　青年学子的引路人

“十年树木，百年树人。”作为博士生导师，胡运高将“为党育人、为国育才”的使命融入教学实践，为国家培养了一批又一批优秀的科研人才。他开设“作物育种技术”等课程，将田间经验转化为课堂案例，暑期带领学生下田实训，在江油市青莲镇的稻田中手把手指导学生取样分析。他注重因材施教，既严格要求学术规范，又以长辈般的关怀支持学生创新。学生评价他：“在实验中严谨如师，在生活中温暖如父。”他培养的研究生中多人成长为农业科研骨干，其团队获评四川省教育厅创新团队。他在45岁时攻读硕士、52岁时取得博士学位，用亲身经历告诉学生：学习永不嫌晚，缺的只是勤奋与坚持。这种

① 1亩≈666.67平方米。

对知识的执着追求和终身学习的精神，跨越岁月，感染着一代又一代学子投身农业科技事业，为国家的农业发展贡献智慧与力量。

党员本色　初心如磐的“示范者”

“一粒种子改变世界，以党员身份书写担当。”1984年加入中国共产党的胡运高，党龄已逾40年。他的办公室里悬挂的“科技兴国　忠心为党”标语，正是他坚守一生的人生信条。他扎根稻田，用科技的力量为国家粮食安全筑牢根基，以红色初心为乡村振兴注入强大动力。从南繁基地的烈日到田间地头的风雨，从实验室的钻研到课堂上的传道，他始终坚守在党和人民最需要的地方。作为西南科技大学第四次党代会代表，他积极建言献策，推动“龙山人才强校计划”，为学校引进高层次人才贡献智慧。

新时代的征程上，他如同稻田里的守望者，默默耕耘，无私奉献，谦逊如初。他以科技之光点亮乡村振兴之路，用智慧和汗水守护着大国粮仓，用实际行动践行了“把饭碗端在中国人自己手里”的使命担当。

（陈彩红）

党建引领科研路　高原种出“绿色梦”

◎ 生命科学与农林学院　鄢家俊

鄢家俊，西南科技大学生命科学与农林学院研究员。多年来，她始终扎根青藏高原和四川省民族地区，专注于乡土草种质资源创新与育种应用研究，紧密围绕草学学科前沿动态、牧区产业发展实际需求和学校人才培养目标，在科研、技术推广和教育教学领域深耕细作，成果斐然。鄢家俊先后入选天府青城计划“天府科技菁英”、国家林草局科技创新青年拔尖人才、农业农村部“杰出青年农业科学家”，成为四川省学术和技术带头人后备人选，并荣获“四川省青年科技奖”。2024年，她被授予“绵阳市优秀共产党员”称号。

信念如磐　以红色初心照亮科研征途

2000年，初入大学校园的鄢家俊接触到草学专业。那时，和许多人一样，她也心存疑惑：随处可见的小草，究竟有什么值得深入研究的价值呢？随着对专业学习的不断深入，尤其是作为一名共产党员，她始终牢记“把论文写在祖国大地上”的使命，在跟随导师白史且教授开展乡土草种质资源创新与育种应用研究的过程中，逐渐意识到小草蕴藏的生态价值与民生意义，从此便与小草结下了不解之缘。

青藏高原是我国重要的生态屏障、最大的草原牧区和草地畜牧业生产基地，也是各族牧民同胞赖以生存发展的家园。然而，由于超载过牧等因素，草地退化严重，草畜矛盾凸显。面对青藏高原优良乡土草品种缺乏、外来草种“水土不服”的困境，鄢家俊以党员先锋的担当响应国家种业振兴战略，与团队一起锚定草地畜牧业生产和生态建设需求，踏上了艰苦的科研征程。“保护高原生态就是守护牧民饭碗，这是共产党员的必答题”——她常以这句话激励自己。他们的足迹遍布四川48个牧区和半农半牧县（市、区），还远赴青海、甘肃、西藏、新疆、河北、内蒙古等地，深入调查收集乡土草种质资源。

每当发现目标种质时，之前遭受的艰难困苦都不值一提。多年来，团队坚持不懈，收集整理了10000余份特色乡土草资源，并在海拔3500米以上的红原、若尔盖、石渠等地，建立起高寒草种保存、评价和选育基地，为青藏高原特色乡土草品种选育奠定了坚实的物质基础。作为一名优秀的共产党员，鄢家俊带头践行“缺氧不缺精神”的高原誓言。团队每年驻守高原的时间超过200天，在红军长征走过的草原上，以红色初心守护着祖国的绿水青山，也守护着牧民的金山银山。

科技报国　用科研支撑生态保护和畜牧业发展

作为共产党员科研先锋，鄢家俊和团队直面青藏高原种业“卡脖子”难题，锚定国家种业振兴与生态安全战略需求，在高原生态育种领域取得突破性进展：攻克牧草生长期短、结实率低等世界性难题，选育出40余个高产优质、性能稳定的牧草新品种。其中，她主持选育的我国首个能源和生态兼用型新品种“川西斑茅”，以“极粗生”特性突破生物质能源与水土保持双重瓶颈，入选四川省2024年主推草品种。针对南方高蛋白饲草短缺现状，她以党员攻坚精神从前辈手中接过接力棒，通过两代人20年的持续攻关，育成“川草7号”紫花苜蓿，填补了湿热气候区高品质饲草不足的空白，获得我国首个紫花苜蓿新品种权。

科研战场就是党员考场。鄢家俊团队构建起从种质创新到生态修复和畜牧业生产利用的全链技术体系，多项成果入选国家级或省级农业主导品种和主推技术，为青藏高原和四川省民族地区草原生态保护和畜牧业生产提供了强有力的种源保障和技术支撑。这些成果在青藏高原40多个牧区被推广应用，使种子和干草产量提高50%以上、天然草地生产力提高3～5倍并持续利用6～7年，生动践行了以中国草种筑牢高原生态屏障。

这些创新成果将“把论文写在祖国大地上”的誓言转化成包括国家科技进步奖二等奖在内的多项科技奖励，彰显了高校共产党员“顶天立地做学问”的使命担当——既守护雪域绿水青山，又以“草业芯片”助力百万牧民端稳生态饭碗，在服务乡村振兴与生态文明国家战略中书写先锋答卷。

真情为民 把论文写进“牧民账本”

鄢家俊以党员初心扎根脱贫攻坚一线，投身“三区科技人才选派计划”“科技扶贫万里行”等行动，对口帮扶凉山州木里、布拖等深度贫困县。鄢家俊说：“共产党员的毅力就是要在石头缝里种出希望。”面对高原牧区冬春牲畜掉膘死亡严重、牧民因缺草返贫等难题，团队积极推动培育的新品种、新技术在牧区落地应用，累计在高寒地区建立种子基地12万余亩，新品种及配套技术在青藏高原及周边地区推广4000余万亩。项目区产草量提升50%，牲畜死

鄢家俊为学校党委书记杨俊辉一行介绍布拖草业科技小院

亡率下降4个百分点，累计经济效益达52亿元，实现草原“增绿”与牧民“增收”双赢，见证了“科技草”如何变为“致富草”。

鄢家俊所在团队获中华农业科技奖优秀创新团队奖、入选国家林草局科技创新团队，成为“把成果种在牧民帐篷边”的党建标杆。从实验室到雪域牧场，鄢家俊用20年坚守证明：共产党员的信仰，既能筑牢草原生态屏障，也能铺就牧民共同富裕之路。

师者匠心　在牧区书写育人华章

鄢家俊始终秉持“立德树人，培根铸魂”的教育理念，坚持“科研反哺教学”，将自己在高原地区积累的丰富经验融入课堂教学，致力于培养学生“把学问做在山水间”的家国情怀。

最好的课堂不仅在教室，更在山水之间。2024年，西南科技大学与布拖县共建的“布拖草业科技小院”正式挂牌成立。鄢家俊所在团队以此为契机，构建起产教研融合的创新培养模式，将“草地生态学”“牧草育种学”“牧草栽培学”等课程的课堂搬到退化草地和田间地头。此外，鄢家俊和团队还十分注重培养牧区本土人才。他们将试验基地打造成开放式科研平台和牧民田间学校，为基层技术人员和农牧民提供通俗易懂、实用有效的技术指导，努力为牧区培育一支“带不走的技术队伍”。

风沙漫卷处，无数小草的根脉正攥紧冻土，以匍匐之姿缝合破碎的土层。共产党员当如草籽，在荒寒之地扎根，在裂缝中抽芽——当千万粒种子的远征汇聚成浪，那便是绿意对荒芜最倔强的宣言。鄢家俊和她所在的团队就像这样一颗坚韧的草籽，在青藏高原这片广袤的土地上，用自己的实际行动诠释着共产党员的初心与使命，为科研事业和牧区发展播撒着希望的种子，让绿色梦想在高原大地生根发芽、茁壮成长。

（鄢家俊）

发挥党代表先锋引领作用
争做发展新质生产力的时代尖兵

◎ 国防科技学院/核科学技术学院　朱琳

朱琳，西南科技大学国防科技学院 / 核科学技术学院教授，博士生导师，四川省第十二次党代会代表，长期致力于放射性废物处理与核环境修复领域的研究工作。她以卓越的科研能力和坚定的育人理念，用实际行动诠释了一名高校教师的责任与担当。她用科研创新为国家核技术发展赋能，尽心竭力为国家培育优秀人才，用学科建设助力学校高质量发展，用党建引领凝聚奋进力量，在实干中绽放科学家的魅力光彩。

朱琳参加中国共产党四川省第十二次代表大会

光荣的党代表　履职担当尽责

2024年是朱琳到西南科技大学工作的第7个年头。在党组织的关怀和培养下，她一路成长，收获良多。其中，让她思想得到洗礼、精神境界得到升华的一次重要机遇，是作为党代表参加了中国共产党四川省第十二次代表大会。在会场聆听省委书记王晓晖作大会报告时，一组组骄人的数据既彰显初心又令她振奋不已，擘画的治蜀兴川宏伟蓝图更是催人奋进。在分组讨论中，她深切感受到了党代表们的履职担当，更加坚定了她俯身教书育人、潜心科学研究的决心。虽然会议只有短短几天，但会议精神却深深内化于心。

学科的领头人　贡献尖兵力量

作为学科负责人，朱琳深知学科建设是人才培养、科技创新、社会服务的基础，更是高等教育内涵式高质量发展的关键。她积极推进学科建设工作，积极寻找一流学科与服务国家战略的关联点。在她的努力下，西南科技大学核科学与技术学科获批四川省高等学校“双一流”建设贡嘎计划建设学科。为进一步建好学科梯队，实现成果持续产出，她带领团队不断探索创新，为学科发展贡献尖兵力量。

秉承科学家精神　深耕科技创新

习近平总书记在四川考察时强调："以科技创新开辟发展新领域新赛道、塑造发展新动能新优势，是大势所趋，也是高质量发展的迫切要求。"作为一名高校青年教师党代表，朱琳深刻领会这一重要指示精神，以崇高的使命感和强烈的责任感，在自主科技创新领域抢占先机、直面问题、迎难而上，瞄准世界科技前沿，引领科技发展方向。她带领团队在核燃料循环后处理技术、放射性碘吸附材料开发等方面取得了多项突破性进展。朱琳主持和参与了多项国家级科研项目，发表了多篇高水平学术论文，展现了深厚的学术造诣。

朱琳充分利用校地科研创新平台，持续推动技术与产业深度融合，以科技创新赋能新质生产力，为区域经济社会高质量发展贡献智慧与力量。在科研工作中，她始终用心领会科学家精神，从创新精神、求实精神、奉献精神、协同精神和育人精神中升华出新的理解和感悟，为扎根科研一线提供了不竭动力。正是秉承这种精神，她持之以恒攻坚克难，先后解决了一系列核学科乏燃料后处理领域的科学难题。她研究开发的新型放射性碘吸附剂被遴选为国家乏燃料后处理碘处理候选材料；联合相关单位成功研制的国内首台套碘动态吸附工装设备及测试平台，已被多家涉核单位采用推广。

孕育桃李　培育时代英才

在教学工作中，朱琳始终牢记"为党育人、为国育才"的初心使命，把军工文化等思政元素融入课程，引导学生树立科技报国的崇高理想。多年来，她为国家培育了多名优秀的军工人才，他们怀揣着对国家的忠诚和对科学的热爱，在各自的岗位上发光发热。她还注重帮助学生提升创新思维和实践能力，有多名学生在放射性核素污染控制等“卡脖子”科技难题中取得重大突破，并被保送至多所知名学府继续深造。看到学生们取得的成绩，她深感欣慰，这不仅是对她教学工作的肯定，更是对她育人理念的认同。

朱琳所在的国防科技学院 / 核科学技术学院教工第三党支部于2024年获批第四批“全国党建工作样板支部”培育创建单位。这一荣誉不仅是对党支部各项成绩的肯定，更为党支部未来发展注入了强大动力。她坚信，奋斗是青春最亮丽的底色，行动是青年最有效的磨砺。实现中华民族伟大复兴的中国梦是一场历史接力赛，需要一代又一代有志青年接续奋斗。她将持续发挥党代表的引领作用，学深悟透新思想，奉献建功现代化，为加快科技自立自强和培育时代新人贡献西南科大人的力量。

（朱　琳　赵　多　王　娟）

先锋领航教育路
徐春霞的西南科大育人行

◎ 土木工程与建筑学院　徐春霞

在土木工程与建筑学院，有这样一位深耕教育一线的辅导员——徐春霞。2023年，她荣获教育部“第十四届高校辅导员年度人物”称号，这一荣誉是对她近20年辅导员生涯的高度肯定。自2005年起，徐春霞便扎根于土木工程与建筑学院，始终秉持工匠精神，探索出一套行之有效的育人模式，在学生成长的道路上发挥着关键引领作用。同时，她也是学校首批本硕博贯通培养“育苗工程”创新型党支部——劦力善成创新党支部的支部书记。近5年来，她所带领的党支部两次被评为学校“先进基层党组织”，获批学校“研究生样板党支部”，在党建工作中发挥了示范引领作用。

徐春霞与学生开展深入交流

以小见大　守护学生心灵成长

“小岗位大有作为”，这是徐春霞坚守辅导员岗位的深刻感悟，也是一名共产党员对于实践育人理念的诠释。日常教育工作细碎且繁重，但她始终全身心投入。她曾陪伴患病学生，见证了生命的顽强重生；曾耐心引导厌学学生，激发了他们内在的学习动力。

印象尤为深刻的是2022年5月的一天，徐春霞接到一通特殊电话，电话那头的学生情绪崩溃。情况危急，她一边稳定学生情绪，一边迅速汇报领导，寻求支援。45分钟后，学生家人赶到，成功化解危机。原来，该生确诊重度抑郁症时，徐春霞曾给予她温暖安慰。徐春霞告诉该生，生病时的自残行为不受控制，就像高烧病人说胡话，需要借助医学和专业人士的帮助，并和她约定，在感觉失控时向最信任的人求助。正是这份信任，让该生在关键时刻拨通了她的电话。二十年如一日，徐春霞用爱守护着每一位学生，成为他们锤炼品格的引路人。

以身为教　助力学生探索知识

“处无为之事，行不言之教”，这是徐春霞教育学生的核心理念。在20年的辅导员生涯中，她从未停止学习的脚步，积极参加了百余次职业生涯规划和就业创业指导相关学习，获得了全球职业规划师、全国一级职业指导师等60多项相关证书。她将心理学等多学科知识融入工作，打造出以职业生涯规划教育为核心的“冰山育人体系”。

面对不同学习状态的学生，她始终秉持因材施教的育人理念。学生小夏的转变就是一个典型案例。五年前，小夏入学时一心想要退学，家庭困难、不擅长画画、学习建筑学的高额费用和绘画要求让他倍感压力。徐春霞凭借专业特长，通过一番耐心交谈，成功化解了小夏的退学危机。“给父母住自己儿子设计的楼房怎么样?”正是这样简单的话语，点燃了小夏的希望。最终，小夏以第一名的成绩考取深圳大学建筑学专业研究生。徐春霞用自身行动，激励着学生追求卓越，成为他们学习知识的引路人。

转危为机　培养学生创新思维

职“生芽”工作室，是徐春霞打造的职业生涯规划教育和就业创业指导平台，也是她推动辅导员专业化的重要阵地。工作室制度完善、特色鲜明，先后荣获“学校教师创新工作室”“四川省首批名辅导员工作室”等称号，吸引省内外十余所高校前来交流学习。

为适应时代发展和学生职业教育需求，工作室坚持创新育人途径、优化实战阵地的理念，在探索中不断创新。从最初的就业服务中心，到充满创意的“瓦尔登咖啡厅”，再到如今功能完备的职“生芽”工作室，每一次转变都精准定位。面对就业难的形势，她积极与地方政府、企业合作，将工作室升级为校企地合作模式，整合三方资源，建立就业生态工程，实现定制化服务，不仅提升了学生就业质量，还培养了他们服务地方的奉献精神。徐春霞在不断变化中创新，成为学生创新思维的引路人。

以终为始 引导学生奉献祖国

“人生的意义在于离开时，灵魂比来时更高贵，用专业服务社会是最简单的方式。”这不仅是徐春霞常对学生说的话，更是她的人生准则，充分彰显“育人为本，德育为先”的育人理念。作为四川省职业指导团专家，她积极投身各类就业指导公益活动，参与全国基层就业服务人员能力提升网课教学、国家职业指导师认证培训教材编写，还为中小型企业开展了20余场培训。作为职“生芽”工作室创始人，徐春霞带领工作室全体师生积极参与政府就业活动，引导学生关注基层就业，为基层输送了大量人才。她用实际行动，成为学生奉献祖国的引路人。

徐春霞在辅导员岗位上默默耕耘近20年，始终坚守初心，用爱与责任、专业与智慧，为学生点亮前行的道路。她在锤炼学生品格、传授学生知识、培养学生创新思维、引导学生奉献祖国等方面发挥着重要作用，成为西南科技大学育人路上的一面旗帜，激励着更多教育工作者在平凡岗位上创造不平凡的业绩。

（徐春霞）

铸魂育人守初心　求真问道担使命

◎ 马克思主义学院　翟坤周

翟坤周，西南科技大学马克思主义学院教授、副院长，兼任研究生教研室主任、学院“信仰的远征教学科研创新团队”党支部书记。他深耕思政育人一线，紧跟时代发展步伐，用10年的时间无私奉献，滋养着每一个渴望知识的心灵，书写着新时代铸魂育人的奋进篇章。他秉持“铸魂育人是出发点、精研教学是立足点、深耕学术是制高点、服务社会是落脚点”的青年思政课教师成长之道，在育人、教学、科研、社会服务等方面全面展现了新时代西南科大人的奋斗、拼搏和担当。他充分发挥党员先锋模范作用，在科研创新中争做表率，推动教学、科研与社会服务同向同行，用实际行动践行“四讲四有”合格党员要求，先后获评“四川学校思政课教师年度人物”“四川省‘四有’好老师”“绵阳市师德先进个人”“西南科技大学十佳岗位青年”“西南科技大学优秀共产党员”，并获得“青年五四奖章”。

躬身力行　党建领航　“强”在支部

新时代新征程，思政课建设、马克思主义理论学科建设和马克思主义学院

翟坤周参加四川省青年联合会第十五届委员会全体会议

建设得到前所未有的重视，必须展现新气象新作为。学院党委于2023年成立“信仰的远征教学科研创新团队”党支部，由翟坤周担任党支部书记。

党支部结合新时代守正创新推进思政课建设内涵式发展要求，坚持“党建领航、协同育人、扎根学术、讲好课程、建强支部”的工作路径，探索形成了“一核双轮、四维六通”教学科研“四力”融合的党支部创建特色，即“名师+名课+名团队”一核带动的魅力型党支部，“课程育人+科研育人”双轮驱动的合力型党支部，“人、课、教、研”四维互动的活力型党支部，“学生培养与师资培育联通、本科课程与硕博课程联通、公共课程与专业课程联通、常规教学与展示教学联通、课程建设与科学研究联通、思政小课堂与社会大课堂联通”六通联动的效力型党支部，引导支部党员同志努力成长为新时代从事思政课教学、理论宣传宣讲和学科科学研究的“金师铁军”。

在这一年多的时间里，党支部建设成效显著，不仅获学校党委组织部“利刃计划”教学科研创新团队党支部建设立项，还在年末中期检查中被评为“优秀”等级；支部党员蒋平、舒晓虎同志分别入选四川省学术和技术带头人与后备人选；舒晓虎、徐黎同志分别获评教育部第三届全国高校思政课教学展示活动一等奖、学校教学名师。

坚守初心 “本”在教学 “根”在铸魂

翟坤周坚守教育初心，潜心教学、深研教材、推动教改，育人成效显著，具有一定的全国影响力。他先后调训参加中宣部、教育部高校思政课骨干教师理论研修班，参与教育部社科司组织的“习近平新时代中国特色社会主义思想概论”课程统编课件修改，参加全国高校思政课“手拉手”集体备课中心（四川大学—四川省）云上大练兵点评，入选四川省普通高校思想政治理论课教学指导委员会“研究生思想政治理论课”分教学指导委员会委员，并多次受邀省内外高校和地方教育主管部门进行思政课教学交流。

翟坤周长期负责全校研究生思政课建设和学院马克思主义理论一级学科专业课程体系建设，协助思想政治教育专业教研室推进本科专业建设和专业课程体系建设，构建起了以“为谁培养人、培养什么样的人、怎样培养人”为核心的“担当使命教育、专业能力教育、未来发展教育”三人三育贯通和“事业发展力+专业综合力+学业深造力+就业竞争力+职业胜任力”五力五业协同的马克思主义理论一级学科和思想政治教育本科专业人才培养模式；推动思政课程和专业课程同步实施“课程矩阵—课程小组—课程负责人—课程队伍—课程专题—课程大纲—课程评价”教育教学改革，极大地提升了课程育人的学术含量、思想容量和实践质量；积极参与课程教学、参加教学竞赛，先后主讲了9门本硕博思政课程和学科专业课程，获评教育部第二届全国高校思政课教学展示活动一等奖。

作为班主任和导师，他坚持“课程育人为基、科研育人为要”的培养理念，以学生教学能力和学术能力同步提升为抓手，所带班级获评“绵阳市先进班集体”，所带本硕学生考入吉林大学、北京交通大学、中央财经大学等高校攻读硕博士学位，进入绵阳师范学院、宜宾学院、甘肃民族师范学院、咸阳师范学院、遂宁市委党校等单位实现高质量就业。

求真问道 “学”在学科 “问”在研究

翟坤周坚持教学和科研同向发力，注重以引领学科前沿的学术研究来深化教学、拓展教学，以“做真学问、真做学问”的求真问道追求，对标马克思主义理论学科前沿，从中国式现代化的马克思主义基础理论及其实践出发，着力构建中国式现代化自主知识体系。他长期聚焦马克思主义中国化时代化、中国式现代化理论与实践、乡村振兴与城乡融合发展、生态文明与绿色经济等领域，取得了丰富的研究成果，先后入选四川省学术和技术带头人后备人选、四川省第十五届青年联合会社科界委员、西南科技大学“青年科技创新人才”，担任学校“马克思主义与中国式现代化研究”创新团队负责人以及《中国农村观察》《改革》等权威学术期刊、国家社会科学基金项目、教育部硕博士论文评审专家；主持2项国家社科基金项目和1项四川省哲学社会科学基金一般项目及20余项其他各类科研项目，主研1项国家社科基金重大项目，作为子课题负责人主研完成2项国家社科基金重点项目、1项一般项目、1项四川省哲学社会科学重大项目；出版2部专著，在《中国特色社会主义研究》《改革》等重要期刊发表40余篇学术论文，其中有近30篇CSSCI来源刊论文、6篇学术论文被人大复印报刊资料和《新华文摘》（网络版）全文转载，入选2025年中国知网高被引学者TOP1%；获四川省社会科学优秀成果二等奖（2023）、绵阳市社会科学优秀成果一等奖（2018）和二等奖（2022）、成都市社会科学优秀成果二等奖（2015），与四川大学合作撰写的4篇决策咨询报告在四川省社科联《重要成果要报》刊发，2篇受到时任四川省委主要领导同志的重要批示并转实际部门参考采纳。

传播真理　“理”在对话　“智”在田野

翟坤周坚持“‘理’在对话，‘智’在田野”的工作原则，笃信力行、传播真理，加强党的创新理论宣传、宣讲和阐释，先后入选学校党委、绵阳市委理论宣讲团和党员教育师资库成员，四川省中国特色社会主义理论体系研究中心“百人专家库”成员。

一方面，他在积极参与学校马克思主义理论学科学术交流平台搭建、马克思主义理论一级学科博士点建设、骨干马克思主义学院建设等工作的同时，对接承办马克思主义理论学科青年学者论坛、马克思主义理论学科论坛、第一届“中国共产党与中国式现代化”学术研讨会等全国性学术会议，增强了学校马克思主义学科的学术对话和全国影响力。翟坤周先后受邀为中国工程物理研究院、中国银行以及绵阳、广元、凉山、阿坝等地的企事业单位和地方政府宣传宣讲党的创新理论。

另一方面，他积极服务地方经济社会发展。翟坤周多次作为省级和省际年度脱贫摘帽（退出）第三方评估专家参与四川省色达县、湖北省咸丰县等地

"脱贫摘帽"成效考核评估，作为规划编制专家组成员参与地方"十四五"发展规划和2035年远景目标纲要编制，多次受邀为地方党政领导干部主讲习近平总书记关于"三农"工作的重要论述、县域乡村振兴与城乡融合发展等专题。

面向未来，作为新时代思政课教师的翟坤周会继续发挥党员先锋模范作用，以"四有"好老师为标准，持续强化"师"的政治品格、提升"师"的综合能力、突出"师"的育人业绩，为学校"双一流"建设展现出更加强大的思政引领力和培养更多堪当民族复兴重任的时代新人作出更大贡献！

（翟坤周）

党旗引领下的扶贫征程
从山村到世界的舞台

◎ 拉美研究中心　罗泽龙

罗泽龙，西南科技大学拉美研究中心讲师，用实际行动诠释了共产党员的责任与担当。2018年，他主动请缨，赴阿坝藏族羌族自治州松潘县白羊乡溜索头村担任驻村第一书记，扎根基层，带领村民脱贫致富。2021年，因在脱贫攻坚中的突出贡献，他被四川省委、省政府授予“四川省脱贫攻坚先进个人”荣誉称号。他现从事区域国别研究，已主持5项地厅级项目，参与1项国家社科基金重大项目（排名第三）、2项省部级项目，研究成果被省部级领导

罗泽龙参加四川省脱贫攻坚总结表彰大会

批示1次。在中拉学术会议中，他向拉美国家讲述自身参与的脱贫攻坚故事，将中国民族地区的扶贫故事传播出去，讲好中国扶贫故事。从脱贫攻坚一线到学术研究前沿，罗泽龙始终以实干笃行的精神，为乡村振兴和全球减贫事业贡献智慧与力量。他的故事，不仅是中国脱贫攻坚的缩影，更是共产党员先锋示范的生动写照。

沐党恩跟党走　党旗下的扶贫誓言声声入耳

罗泽龙出生在四川省阿坝州黑水县的一个偏远藏族村寨，因父亲早逝家境贫寒，在党的关怀和好心人的资助与鼓励下走出大山，成了西南科技大学的一名教师。靠知识改变命运的罗泽龙在高校从事民族学生教育管理工作，深知民族学生能考上大学不容易，所以他对工作、对学生一直认真负责。2018年，松潘县白羊乡溜索头村被确定为西南科技大学定点帮扶村，罗泽龙便主动申请到溜索头村开展帮扶工作，怀着共产党员的初心，毅然决然地选择返回家乡投身扶贫事业，成为松潘县白羊乡溜索头村的驻村第一书记，工作在脱贫攻坚的最前线。学校党委书记亲自送罗泽龙赴任溜素头村驻村第一书记，罗泽龙向党组织承诺会当好脱贫攻坚的一名尖兵。

白羊乡是距离松潘县城最远的一个乡镇，举目望去，四面都是山，高耸入云，距县城约290公里，开车也要6个小时才能到达。因为地理位置的限制，乡里产业发展不起来，百姓也因此受穷。白羊乡共有8个村，溜索头村又排到末位，没有集体经济，经济收入倒数第一，其党支部被列为“软弱涣散支部”。“溜索头”的得名，也是因为早年间村里交通不便，当地老百姓赶集就靠一架溜索桥往来。如何在短暂的几年时间里去改变这样的村情？罗泽龙感到自己肩上的任务非常艰巨。摸清底数，才能做实脱贫工作，罗泽龙带领驻村工作队走村入户，摸排情况，通过深入的摸排调研，制定出了溜索头村整村脱贫规划，绘制了溜索头村脱贫攻坚蓝图。靠着过硬的综合素质，他和驻村工作队、村“两委”一道，组织村民走出了一条绿色无公害产品销售路子，使全村家家户户均享受到脱贫红利。2018年，罗泽龙被松潘县委评为“优秀第一书记”。2019年，他获得松潘县委授予的“优秀共产党员”称号和“阿坝州脱贫攻坚贡献奖”。2021年，他被四川省委、省政府授予“四川省脱贫攻坚先进个人”荣誉称号。

实干笃行践行初心　优秀的榜样传递力量

发展产业是群众走向富裕的关键。经过调研分析，罗泽龙向西南科技大学争取了20万元项目资金用于溜索头村的中蜂产业发展，利用村里的自然资源优势，引导村民发展中蜂养殖。通过科学养殖和技术指导，中蜂养殖项目取得了显著成效。项目采用全村参与，侧重贫困户、重点扶持养殖大户的方式，发展了660桶中蜂，到2019年年底初步统计蜂蜜产量达2800斤，人均增收1000元以上。

要使整村致富，还得从集体经济的发展中寻求突破。罗泽龙带领驻村工作队不停走访群众，调查市场，分析数据，最终确定在溜索头村发展蛋鸡养殖。学校出资25万元产业帮扶资金，帮助成立松潘县溜索头种植养殖专业合作社，还派出养殖专家，会同社会养殖企业专业人士，指导建立了现代标准化养鸡场。至2019年，该鸡场已发展成2000羽规模的蛋鸡养殖，月销售盈利近2万元。该项目采取经营收入归村集体所有，社员年底分红的方式实施，当年分红3.8万元，为村集体增收15万元。溜索头村贫困户李桂碧说：“罗书记有文化、聪明，我们都相信他。”为了改善村里的基础设施条件，他积极协调各方资源，争取项目资金，用于修建药山道。在他的努力下，村里的交通条件得到了极大改善，村民们生产生活更加便捷。老百姓们不光钱包鼓了，笑脸多了，更对罗泽龙充满信任和感激。金杯银杯不如老百姓的口碑。2020年，在驻村第一书记两年任期满后，村民联名请愿，饱含深情地希望这位干实事、干好事的第一书记继续留任。“我受社会的帮助走出大山，如今我只是用另一种方式回馈社会。”他用这样的方式感恩帮助他的人。

母亲是他在扶贫中最大的牵挂，他把母亲接到学校生活。母亲在生活和语言都很不方便的情况下，支持他投身扶贫工作。一天晚上，他接到学校保卫处的电话，让他赶快回校，母亲被烧伤住院。由于没有车，他只能一段路程一段路程地赶车，在换乘4次车后，第二天才赶到医院。母亲见到他后自责地说：“我拖累你了，我不该到学校来生活。”

汛期值班期间，他遇到了百年不遇的特大山洪泥石流。所有道路被毁，政府只能派出直升机救援，但村子地处高山峡谷，直升机运力有限，村中断粮。他与党支部书记带着党员徒步翻山10多个小时到片口乡背粮，途中险象环生。

用知识扶志　以经验启智　共筑乡村振兴梦

作为一名高校教师，罗泽龙不仅在课堂上传授知识，更在扶贫一线发挥了教师的独特优势。他深知扶贫的首要任务是扶志，即激发群众的内在动力和信心。因此，他组织党员和群众开展党课学习，宣讲党的扶贫政策，引导大家树立起勤劳致富、自力更生的观念，为脱贫攻坚打下坚实的思想基础。罗泽龙还注重丰富群众的精神生活，利用节日组织村民开展丰富多彩的文化活动，引导群众参与文化建设，带动农村文化健康发展。这些活动不仅增强了村民的集体荣誉感，也为脱贫攻坚注入了强大的精神动力。在他的带领下，村民们的精神面貌焕然一新，不再满足于现状，而是积极寻求发展机会，努力改变自己的生活。

罗泽龙回到教学岗位后，深知巩固脱贫成果、防止返贫的要点在于教育和人才。他结合自己在学校承担的“毛泽东思想和中国特色社会主义理论体系概论”和“习近平新时代中国特色社会主义思想概论”两门课程的教学任务，将自己的扶贫经历整理成讲稿，在课堂上与学生们分享，激励他们积极投身乡村振兴事业。通过他的故事，我们看到教师在扶贫和乡村振兴过程中发挥的重要作用。他们不仅在课堂上传授知识，更在实践中发挥自己的优势，为老百姓讲课扶志气，给学生讲课分享扶贫故事，体现了西南科大人“艰苦奋斗，拼搏创新”的精神传承和时代担当，让脱贫攻坚和乡村振兴的重大意义深入人心。

从山村到世界的舞台　讲述传播中国扶贫故事

包括拉美国家在内的发展中国家在见证了中国的减贫奇迹后，希望学习和了解更多中国的扶贫故事，学习中国的扶贫经验。

拉美高端智库青年学者代表团到访西南科技大学，召开了“四川乡村振兴与中拉减贫发展”研讨会。他在会上分享了自己的扶贫故事。会后，多位拉美学者表示通过他的分享进一步了解到中国的扶贫故事对拉美的减贫有很多借鉴价值。

学习“一带一路”共建国家语言文化是践行构建人类命运共同体的重要途径。他知道要讲好中国故事，需要掌握不同的语言。他在掌握藏语和羌语两门少数民族语言之外，坚持学习英语、泰语、西班牙语等外语。

罗泽龙的故事，是无数党员教师在扶贫和乡村振兴中发挥作用的缩影。他们用自己的实际行动诠释了党员的初心和使命，展现了党员的风采与担当。展望未来，罗泽龙将以自身扶贫经历为鲜活教材，深度融入学校党建工作，积极开展主题分享活动，激励更多师生投身社会服务。同时，推动学校与乡村建立更紧密的帮扶长效机制，将党建优势转化为助力乡村振兴的强大动力，让党员的先锋模范作用在校园与乡村之间交相辉映，续写奉献担当的新篇章。

（罗泽龙）

一腔赤诚担使命　甘做帮扶铺路石

◎ 机关党委　曾小进

曾小进，于2021年6月底经学校机关党委推荐，被选派赴凉山州布拖县地洛镇依子村担任驻村第一书记，负责依子村的定点帮扶工作。2021年，他获评“布拖县乡村振兴先进个人”；2022年，获评“绵阳市优秀教育工作者”；2023年，获评“四川省优秀驻村第一书记”。

驻村工作队与依子村“两委”结对开展党建主题活动（左一为曾小进）

党建联创引活水　坚实根系扎深壤

2021年7月，初到依子村，曾小进初步了解该村基本情况后便深知：要有效推动乡村振兴工作，不能仅靠一己之力，必须发动党员力量。在村委会召开第一次党员大会时，他就强调驻村工作基本原则为：党建引领、书记挂帅、党员示范。

曾小进以加强村党支部自身建设为抓手，创新党建工作思路，积极组织依子村党支部与西南科技大学党办校办、人事处、科技创新与基地建设处、资产与实验室管理处等多个党支部开展结对共建。依子村党支部多次开展主题党日活动，依子村党员干部前往学校与结对部门党员同志多次开展结对交流，曾小进让高校机关党支部与村党支部跨区域联动，双向开放、资源共享、共同提高。

不仅要“走出去”，还要“请进来”。曾小进让依子村党员干部与学校的优秀党员代表有了深入交流学习的机会，达到以党建促进党员干部、村民种植养殖技术提高，以党组织建设带动党员先锋发挥带头作用。

头雁领飞展高空　蜂群兴业闯新路

实现乡村振兴，关键是发展村级产业增收致富。地处大凉山深处的依子村，生态环境好，农特产品原生态，但苦于交通不便和缺乏市场，村民种植养殖积极性不高。经过认真走访调研，曾小进带领村干部发挥党员带头作用，在村里组织成立以省级劳模牵头的养蜂团队，开拓特色养殖的全流程产业链，打造依子村生态蜂蜜特色品牌。

方向明确即付诸行动，商机亦是战机。曾小进一边带领蜂农在村里选址建设养蜂基地，一边邀请专家来村里培训村民养蜂技术。通过多种途径广泛宣传养蜂产业，他邀请采购方到村里采购价值94万元的产品，解决了销售难问题。此外，曾小进还引进农产品电商公司，依托线上供销平台，拓宽依子村农产品销售和展示新渠道，首年村民便累计增收11万元，截至2024年，累计产值35万元。

星光工程惠民生　古老彝寨焕新颜

“这里洗衣服洗澡很方便，我每次赶集回家路过村委会，都要去洗衣服洗澡再回家。”依子村1组村民吉拖色也憨笑地说着近来村委会给他生活带来的便利。改善村里环境卫生，扮靓村容村貌，加强软硬件设施建设，让彝族同胞们爱上自己的家乡，是曾小进创建“五好”活动的愿望。他四处奔走筹集资金，并带领村干部多趟往返县城选购材料，对村委会和幼儿园的旱厕进行了彻底改造，打造了公共冲水便池、热水浴室和洗衣房，面向村民免费开放使用。同时，他还在每个小组都修建定点垃圾池，引导群众参与生活垃圾等“四污”治理，村内的生活环境更加干净整洁。曾小进在村里推行村委办公环境好、村卫生环境好、村文化宣传好、村民勤劳致富好和村民学习进步好等“五好”创建活动，促进村落积极发展。

依子村公共路面一直没有照明设施，给村民夜间出行造成了诸多不便。曾小进看在眼里，想在心里。当村里有了项目建设资金时，他第一个想到的就是要点亮村落。经过实地考察，确定方案，没过多久，100盏太阳能路灯就在村里立了起来。此外，曾小进还协调学校后勤水电中心前往依子村捐赠音响灯光，让村里的文化广场亮起来，响起来。

路灯建好的当晚，村支书胜扎次哈迫不及待地抱来木块树枝燃起篝火，组织村民们身着隆重的民族服装在广场上手拉手跳起了彝族达体舞，庆祝依子村成为全镇乃至全县唯一一个有公共露天舞台的村。“感谢曾书记让我们村的夜晚亮起来、响起来、热闹起来，丰富了村民的精神文化娱乐生活。我看到了希望，想让当医生的儿子回村跟着你干了。”省劳模、致富带头人李治武激动地说。

薪火相承筑通道 教育星光照彝乡

新时代的乡村振兴工作离不开人才，而充分激发乡村现有人才活力更为重要。具备13年人事工作经验的曾小进深深知道，依子村需要充分利用学校优质教育资源来助力发展。

两年以来，曾小进带领依子村着力培养一批懂农业、爱农村、有技术、善经营的“新农人”，在农村的广阔天地大施所能、大展才华、大显身手。他先后多次组织村里的党员干部和致富带头人代表来到学校，参加农村职业经理人业务培训、农业农村实用技术学习和现代家庭农场经营模式实地考察等学习活动，依托学校的教育资源，提高当地农民群众的种养技术水平。“真没想到，我这个来自大凉山深处土生土长的农民，也有机会当一回‘大学生’，不仅开阔了眼界，还学到了这么多有用的新技术。”参加培训后，村民吉地日火欣喜地说。

俗话说：“名师出高徒。”要培育好本土人才，离不开优秀的师资队伍。为解决依子村幼儿师资不足问题，曾小进协调西南科技大学后勤集团附属小学及幼儿园优秀教师前往布拖县地洛镇基地开展学前教育、义务教育送教支教及教师业务培训等系列教育帮扶工作。

在依子村，后勤集团附属幼儿园的老师们为当地幼儿园的孩子们上了以游戏活动、户外拓展、交流互动为主题的系列示范展示教育课，并与依子村及当地“一村一幼”的幼儿教师们开展业务研讨及教师业务培训活动。“感谢西南科技大学幼儿老师们讲的示范课，太好了，让我们很受益，特别是针对我们村幼儿教师建立的一对一师徒远程培训方案，让我们可以随时交流。”依子村第一幼教点教师米色次海振奋道。

2022年6月10日上午，凉山州布拖县地洛镇依子村村民、22岁的小伙子胜扎木拉，从山上一路小跑，赶到了村委会办公室，从曾小进的手中，接过了一封来自西南科技大学的录取通知书，圆了一直埋藏在心底的大学梦。胜扎木拉家有兄弟姐妹4人，自小好学懂事的他，读完大专就进入社会打工，做过建筑工、临时消防员，但他心里一直有个本科梦。曾小进得知此情况，马上了解相关政策。恰逢学校继续教育春招报名，通过多方协调争取，在遵循国家相关政策要求下，学校同意在依子村村委会设置临时考场。曾小进马上发动村干部，广泛宣传考试政策，登记符合报考条件人员，协助他们上传报考资料。在大家的共同努力下，有4位村民参加了考试，2人取得了入学资格。如今，胜扎木拉一直期望学成毕业后留守家乡，建设依子村。

民族要复兴，乡村必振兴。振兴过程艰辛，并非一蹴而就。曾小进常说：“我们个人是渺小的、有限的，教育、政策、观念、环境、机遇等都是参数，有随机性，但只要我们发挥主观能动性，辛勤奋斗，一直前行，披荆斩棘，定会走出一条康庄大道。”

驻村工作期间，曾小进秉承着高度的政治觉悟，凭着一股子实干敢干的闯劲，从西南科技大学的一名教育工作者转变为依子村乡村振兴一线工作的驻村第一书记，变的是工作地点、工作岗位，不变的是信念和情怀。他把学校工作、驻村工作当作家事，把同事、村民当作家人，干一行、爱一行、专一行，真正诠释了新时代帮扶干部“一腔赤诚担使命，甘做帮扶铺路石”的奉献精神。

（曾小进）

矢志不渝教书　孜孜不倦育人

◎ 离退休党委　姚荣东

姚荣东是西南科技大学关工委常务副主任、绵阳市关工委副主任、市关工委宣讲团团长、省关工委和教育厅关工委宣讲团成员。在职时，他先后担任学校副校长、党委副书记长达20年，退休后光荣地成为学校关工委的“一号老人”，曾荣获“全国关心下一代工作先进工作者”、全国教育系统和四川省“关心下一代先进工作者”、“四川省高校优秀政工干部”、四川省关工委第十二届“四川关爱明天十佳五老”等荣誉称号。

谆谆十年教诲　启迪青年坚定理想信念

2024年9月4日下午，西南科技大学东五办公楼学术报告厅座无虚席，姚荣东以“学习学校历史　砥砺奋斗精神”为题，为刚入校的国防科技学院/核科学技术学院新生们开展校情校史宣讲。他从自身的经历讲起，语调时而低沉，时而激越，生动地诠释着“艰苦奋斗，拼搏创新”的精神内涵，启迪青年学子汲取前辈智慧，继承发扬优良传统。他用富有激情的讲述，赢得了新生们如雷鸣般的阵阵掌声！

理想信念教育是西南科技大学关工委开展了20余年的思政工作品牌。从退休那天起，姚荣东就成为学校关工委理想信念宣讲组的核心成员，同时他还被聘任为绵阳市关工委宣讲团团长、四川省关工委宣讲团成员、四川省教育厅关工委宣讲团成员，这也是姚荣东从事关心下一代工作的荣誉勋章。近10年来，他先后为西南科技大学青年师生、绵阳市关工委培训班、农村基层青年干部作90余场报告，直接受众近2万人。他还组织校关工委宣讲组老专家在学校新生中作了275场宣讲报告，受众11万人次。新生们纷纷表示受益匪浅，《光明日报》也曾对此予以报道。

姚荣东与他的忘年交朋友

践行初心使命　笃定教书育人为终身事业

在职期间，姚荣东长期承担教学和管理工作，退休后又主动融入学校关心下一代工作。他践行初心、退而不休，始终把教书育人作为自己的终身事业。

他坚持参加青年教师培养工作，在传授教学方法、技巧的同时，特别重视师德师风建设。退休后，他曾经多次为学校新教师岗前培训作师德师风报告。他坚持在马克思主义学院听青年教师讲思政课。针对部分青年教师在教学中反映出来的问题，他结合自己的经历，为学院全体教师做了“怎样讲好一堂思政课”的交流讲座，收到了不错的反响。他参与指导的多位青年教师在国家级、省级教学大赛中多次获奖。

他坚持利用“忘年交”开展育人工作，他的忘年交有学生、青年教师、年轻干部，还有后勤服务部门的员工。如，信息工程学院2016级学生蒋某就是他的忘年朋友之一。蒋某父母早逝，从小跟奶奶长大，生活比较困难。姚荣东得知这一情况后，每学期资助1000元帮助他完成学业，并经常一起交流，鼓励他勤奋学习。后来这位同学每每念及姚荣东的帮助，都感触颇深。

他领衔的“银发工程名师”工作室，将关工委工作融入学校“三全育人”大思政，成为学校首批思政名师工作室。2022年7月，由“银发工程名师”工作室牵头的党建工作，获得学校授予的首批“党建品牌”荣誉称号。

荣变“一号老人” 带领团队建设硕果累累

姚荣东担任学校关工委常务副主任后，深知肩上担子的重量，既是领导者，又是排头兵。实际上，他在担任校党委副书记分管关工委工作期间，就十分重视关工委工作。在他的推动下，校党委在2009年、2011年分别出台了加强学校校院两级关工委建设的文件，这两个文件最后成为学校构建关工委工作长效机制的重要制度。

他紧抓关工委制度建设，先后两次组织修订《西南科技大学关心下一代工作委员会工作规程》；完善校关工委各项工作制度，如2024年，学校党委出台了《西南科技大学关于加强新时代关心下一代工作委员会工作的实施意见》和《西南科技大学二级关工委工作细则（试行）》，出台了二级关工委工作职责等制度。

他紧抓关工委组织建设，结合学校和学院具体情况，对校关工委的6个工作组和17个二级关工委及时进行调整和充实，亲自动员老同志参加，使队伍得到加强，工作活力进一步提升。

他紧抓二级关工委建设，在2014年启动了开展“六好”二级关工委建设活动，全校17个二级关工委，已有16个被命名为“六好”。2018年起，实行“六好”建设动态管理，对获得“六好”的单位实行3年回头看，进行复查验收，以推动二级关工委常态化建设。

他紧抓关工委品牌建设，在二级学院开展了“一院一品牌”建设活动。2019年以来，他广泛动员、积极组织二级关工委参加教育部关工委“读懂中国”活动。截至今年，先后采访“五老”100余人次，提交130余件作品，做到了年年都有作品在教育部关工委获奖，其中包含5篇最佳征文奖、2篇优秀征文奖。

他抓关工委课题研究。近10年来，学校关工委先后进行了5轮专项课题研究，共立项67个，学校资助研究经费30余万元。在教育部关工委最近4轮专项课题申报中，学校关工委每轮申报的课题都获批立项，并按期完成研究工作。

近10年来，姚荣东在四川省关工委、全国教育系统关工委、四川省教育厅关工委和绵阳市关工委等各类会议上作了20余次大会交流发言，多次受邀分享学校关工委工作经验，并交流他从事关心下一代工作的感悟与体会。

近10年来，学校关工委先后获得全国教育系统关工委、四川省关工委、省教育厅关工委、绵阳市关工委授予的“先进集体”称号共计11个，“先进个人”称号共计16个。学校关工委“五老”的先进事迹先后被《光明日报》《中国教育报》《四川日报》和四川电视台等主流媒体报道。这些荣誉里面，也凝结着姚荣东的心血和汗水。

“莫道桑榆晚，为霞尚满天。”关工委工作责任重大，使命光荣。姚荣东曾多次讲过：“教师是我的职业，教书育人是我的事业。能为青年学生健康成长贡献力量，是我毕生的追求。在今后的工作中，不管作为组织者还是自愿者，都将一如既往、力所能及地为青年师生健康成长作出自己应有的贡献。”

（张　洪　郭鸿雁）

唯实唯先担使命　善作善成建新功

◎ 制造科学与工程学院　姜正浩

姜正浩，西南科技大学制造科学与工程学院机械工程专业2023级博士研究生，曾担任西南科技大学第十届研究生支教团团长、校研究生会实践部部长。多年来，他始终以优秀党员的标准严格要求自己，积极发挥学生党员的先锋模范作用，获研究生国家奖学金、研究生学业奖学金、研究生综合素质A级证书、“互联网+”大学生创新创业大赛省级铜奖、“挑战杯”大学生创业计划竞赛省级铜奖等各类奖项20余项；以第一作者身份发表了1篇SCI一区TOP论文，获得1项授权国家发明专利，参加全国摩擦学大会等高水平学术会议并作2次报告，参研包括国家自然科学基金面上项目在内的5项国家级、省部级科研攻关项目。

姜正浩参加学校“青年党员说”录制

习近平总书记在党的二十大报告中指出："广大青年要坚定不移听党话、跟党走，怀抱梦想又脚踏实地，敢想敢为又善作善成，立志做有理想、敢担当、能吃苦、肯奋斗的新时代好青年。"习近平总书记的殷切期许，让他对"青年担当"四个字有了新的认识。

愿做一束光　照进大山深处
点亮乡村孩子们追逐梦想的前行路

大一期间，他作为学院青志中心的干事会定期前往绵阳市特殊教育学校开展爱心帮扶活动。课堂上，他看到了孩子们求知若渴的眼神和老师们循循善诱的光辉形象，让他深刻认识到教师这份职业的伟大。也就在那时，去支教的想法在内心萌芽。

大三的那年暑假，他积极报名参加了学校组织的"科技让学习更美好"主题夏令营，担任科技扶智系列活动的志愿者。在"书写梦想"的活动中，一位黝黑矮小的9岁男孩，用最简单直白的图画方式，坚定地描绘出想要走出大山的梦想；在图书馆的阅读时刻，他看到了孩子们被这个书海世界深深吸引，在那安静的角落细细品味，沉醉其中。孩子们对走出大山的渴望和对读书学识的狂热，更加坚定了他去支教、去奉献的决心。有一分热，发一分光，就在那一刻，他意识到自己作为一名新时代青年党员所肩负的责任与使命：想成为那一束微光，照进大山深处，点亮乡村孩子们追逐梦想的前行路。

在祖国最需要的地方
用一年的时间　做一件终生难忘的事

青年党员就是要“自讨苦吃”！为了去祖国最需要的地方发光发热，他毅然决然地选择报名参加中国青年志愿者扶贫接力计划研究生支教团。经过层层选拔后，他成为西南科技大学第十届研究生支教团的一员，按照组织分配，服务于阿坝藏族羌族自治州松潘县白羊九年一贯制学校。这一年的支教经历不仅是他对西部地区教育的倾情奉献，更是将习近平总书记所提出的“到祖国最需要的地方去”的殷切嘱托转化为扎根大地的生动实践。

当特大山洪泥石流撕裂白羊乡的清晨，他胸前的党员徽章熠熠生光。这场突如其来的天灾，让尚未褪去毕业典礼喜悦的支教党员迎来了极具震撼力的“党性第一课”。面对全乡83%的道路坍塌、校舍半埋于淤泥的绝境，姜正浩第一时间向支教学校党支部递交请战书，奔赴抗洪抢险一线。他跟随有30年党龄的校长穿越“生死进山路”时，滑坡山体在暴雨中狰狞咆哮。就在越野车险些被滚石击中的刹那，校长那句“就算用命填，也要给娃娃们填出一条上学路”的呐喊，让他真切触摸到共产党人“为教育倾尽所有”的精神血脉。这份跨越两代教育者的接力，正是习近平总书记强调的“在关键时刻冲得上去、危难关头豁得出来”要求的现实映照。面对满目疮痍的校园，他用党员徽章照亮抢险战场，连续10小时浸泡在与膝同高的泥浆中抢运教学设备，争分夺秒地抢险清淤，竭力保障校区人员及财产安全。他没有抱怨过苦与累、脏与差，他的身上有且仅有的是优秀党员先锋“不畏难、敢为先”的精神和吾辈青年党员的责任与担当。

跨越山海，只为遇见最美的你们。在这所深山小学里，他初为人师，站在讲台上常常会感到紧张无措，但上课时孩子们那一双双求知好学的大眼睛，不断给予他信心和勇气。共产党员就是要迎难而上。为了实现更好的教学效果，他不断向优秀教师学习，在教学工作中学思践悟，因材施教，敢于创新，努力发现每个孩子的闪光点。而他也在点滴积累中逐渐成长为一名值得学生和家长信赖的好老师。为了让孩子们能够多了解一下大山外面的世界，他常在教学之余借助专业优势，为孩子们开展航模培训、科普活动讲解和青少年科技竞赛辅导等课程，努力培养孩子们对科学的热爱和对知识的渴望。当看到每一个孩子的进步和成长时，他才明白“教书育人”的真正意义不是成就小我，而是“做孩子们心中的一束光，带着希望，去照亮他们的梦”。

青年当自强　锻造过硬本领
做合格的社会主义建设者和接班人

姜正浩在党组织的培养下，始终将政治信仰熔铸于成长坐标，把共产党员的身份转化为服务人民、锤炼本领的行动自觉。在返校读研期间，他牢记党的二十大报告中“全党要把青年工作作为战略性工作来抓”的政治要求，以硕博连读锚定学术报国志，用“党员+学者”的双核驱动模式在国家战略需求领域奋勇攻坚。他跟随导师余家欣教授开展的高性能长寿命非晶合金材料研发，聚焦国家高端装备的关键技术难题。他以第一作者身份发表了1篇SCI一区TOP论文，获得1项授权国家发明专利，参加全国摩擦学大会等高水平学术会议并作2次报告。实验室里通宵达旦的坚守，展现着他作为青年党员响应总书记“把论文写在祖国大地上”号召的执着追求。

作为党支部科创先锋，他笃定“国之所需，吾之所向”的报国信念，主动申请并获得国家公派出国留学资格，远赴俄罗斯图波列夫喀山国立技术大学进修先进制造技术。他怀揣着“留学报国”的坚定信念，势必要在实验室学本领、学技术、学科学的过程中充分发挥自己在国家前沿科技创新和战略性新兴产业发展中的独特作用，为解决我国高端装备高性能长寿命服役零部件材料的自主研发难题提出新理论、开辟新领域、探索新路径。

习近平总书记指出:“当代中国青年是与新时代同向同行、共同前进的一代”，“要实学实干，脚踏实地、埋头苦干，孜孜不倦、如饥似渴，在攀登知识高峰中追求卓越，在肩负时代重任时行胜于言，在真刀真枪的实干中成就一番事业”。习近平总书记的殷切期许如同北斗，照亮他闯关夺隘的青春赛道。在党支部书记的指导下，他将“学思用贯通、知信行统一”作为成长方法论，积极参加包括“互联网+”大学生创新创业大赛、“挑战杯”大学生创业计划竞赛和中国青年志愿服务项目大赛在内的各类科技竞赛和志愿实践活动，获得四川省大学生“综合素质A级证书”、7项省级奖、2项校级奖，其志愿四川服务总时长超130小时。他在做中学，学中思，思中做，从创新实践活动中培养自己的创新思维和动手能力，在学思实干中练就“严真细实快”的真功夫，努力培养自己作为当代中国青年的核心竞争实力。

天行健，君子以自强不息。作为新时代青年党员，姜正浩以实际行动践行“强国有我”的青春誓言，不断强化自己的志气、骨气、底气，不负时代，不负韶华。以青春之我，建设青春之中国，在实现中华民族伟大复兴新征程上，奋力谱写建设社会主义现代化强国的青春篇章。

（姜正浩）

实践案例

“三抓三建”育新人 党建引领实干行

◎ 材料与化学学院无机非金属材料党支部工作法

无机非金属材料党支部是隶属于材料与化学学院党委、实现本硕博贯通的特色党支部。目前，党支部共有31名党员，其中包括2名教师党员、2名博士党员、25名研究生党员以及2名本科生党员。党支部以“立德树人”为核心，以思想建设为引领，以学风建设为突破口，以校园文化建设为载体，充分发挥党支部在育人过程中的战斗堡垒作用，为党员的全面发展搭建平台，通过积极培育先进典型，树立榜样标杆，发挥了良好的示范带头作用。

无机非金属材料党支部合影

创新熔炉　梯度培养锻造科创学风

“第一抓”与“第一建”重在培养体系的梯队特色与良好学风建设。支部党员覆盖本硕博三层次，以不同层次特点优势，孵化带动各类课外科技/创新活动团队竞赛。近5年来，支部党员参与中国国际大学生创新大赛、四川省大学生课外学术科技作品竞赛、全国混凝土设计大赛、全国高分子材料创新创业大赛、全国大学生金相技能大赛等，获中国国际大学生创新大赛金奖（2023），“建行杯”四川省大学生创新大赛银奖、铜奖（2024）等各类奖励。

在学风建设中，党员充分发挥模范带头作用，做好任课教师与学生之间的桥梁和纽带。学院实行“1+3全程导师”育人模式（学生在大一入学时，学院会为其分配导师，引导学生初步适应大学学习与科研环境；进入大二，实行导师双选制度，学生和导师基于双向意愿自由选择，确定师生关系后，导师将对学生进行为期三年的全方位指导，助力学生成长）。党支部积极为低年级学生介绍本科生导师信息，帮助同学们尽早加入心仪导师团队，为推进学风建设贡献力量。

此外，党支部定期举办学习经验交流活动，邀请教工支部党员和高年级优秀学生指导学生学习。考研、出国、就业经验在学生群体中传播，引导学生们积极进行生涯规划，增强学习的主动性，助推学风建设。近5年来，支部党员获“绵阳市三好学生”“校长奖学金”等各级各类奖励共计100余项。

精神淬火　红色工程解码思想建设

“第二抓”与“第二建”重在加强主题教育，构筑思想堡垒。党支部以习近平新时代中国特色社会主义思想为指导，积极组织支部党员参加各类活动，将党员的责任与心共连一处。

从黄继光故居到中国“两弹城”，从声声入党誓词到“学党风条例 扬科大正气”主题展览，支部党员自觉砥砺初心使命，不断增强“四个意识”、坚定“四个自信”、做到“两个维护”，加深对党的理论的深刻理解与把握。党支部在特色主题党日活动中，展示了荣获第十七届“挑战杯”四川省大学生课外学术科技作品竞赛红色专项活动三等奖的《走进烈士故乡 寻访英雄足迹——黄继光纪念馆调查报告》，让党员们对党的理论理解更上一层台阶。

育人多维 服务矩阵培养优秀人才

创先争优、为民服务是“第三抓”与“第三建”的核心内容。党支部以服务同学、服务学校、服务社会为途径注重抓住党员的身份意识，建设校园文化。党支部鼓励党员主动亮明身份，在各项事务中勇于担当，增强党员服务意识与榜样带头意识。

“12·9”红歌会的歌声伴党员成长，党支部与绵阳市木龙河敬老院合作开展的志愿服务工作顺利进行，“银河·朝阳”关爱职工子女活动积极开展，党员们积极践行全心全意为人民服务的根本宗旨。党支部还与绵阳市城管局联合开展“走进城管”社会实践品牌，打造“材子学堂”学风建设品牌、“材料之星”榜样力量示范品牌。这些品牌活动让党员充分认识到自己的能力与责任，让他们更愿意、更好地为人民服务。表现突出的党员还会受到公开表彰，以他们的引领示范作用带动更多的同学。支部党员陈飞燕积极投身大学生志愿服务西部计划，目前服务于绵阳市杨家镇，成为大家学习的榜样。

日常生活也是党员服务坚守的重要时刻。为充分发挥学生党员在日常学习生活中的引领模范作用，党支部积极响应并执行学院学生党员“菁材引领”行动方案，鼓励学生党员从身边小事入手，将党员的引领作用融入生活学习的点点滴滴。党员的先锋模范作用变得具体可感、切实可行，真正做到看得见、摸得着、听得到，使党员引领作用在细微处彰显。

（李春林）

“红链”引领 “双核”驱动 “五式”并行

◎ 国防科技学院 / 核科学技术学院学生第三党支部校企党建联建新模式

近年来，在学院党委的坚强领导下，国防科技学院 / 核科学技术学院学生第三党支部坚持在党建引领中全力推进校企合作的深度融合与多元拓展。作为学校首批合作共建“联珠计划”党支部，与中核四〇四有限公司第四分公司六车间党支部携手共创“‘红链’引领、‘双核’驱动、‘五式’并行”的党建联建新模式。

该模式积极发挥以军工文化为核心的“红链”引领赋能作用，以联建双方在核专业产业、技术、科研、人才等多方面优势为驱动，探索红色铸魂、科研合作、人才共育、产教融合、文化创新等多维度联建路径，打造出具有国防特色的党建品牌，构建起“政治引领+信仰锤炼+榜样带动+学风建设”学生党建创新机制，有效破解了党建与业务结合不紧密、专业与产业融合不深入等问题，为校企地方高质量协同发展注入了源源不断的强大动力。

“红色内核”强根基 赋能驱动党建联建

红色赋能，筑牢思想根基。国防科技学院 / 核科学技术学院学生第三党支

国防科技学院/核科学技术学院学生第三党支部与中核四〇四有限公司开展党建联建活动

部紧密围绕立德树人根本任务，强化政治引领，立足专业特色，大力弘扬红色军工文化，致力于打造具有鲜明特色的党建品牌。中核四〇四有限公司是中国核工业文化的摇篮，也是“两弹一星”精神的重要传承地、践行地和发扬地，其深厚的红色文化为党建联建工作提供了丰富的精神源泉与价值导向，充分彰显了红色军工文化在意识形态领域的主流价值和主导地位。

国防科技学院/核科学技术学院学生第三党支部与中核四〇四有限公司第四分公司六车间党支部积极开展党建联建活动。2023年3月，中核四〇四有限公司第四分公司与国防科技学院/核科学技术学院合作共建爱国主义教育基地和军工文化教育基地；同年7月，学院学生第三党支部赴甘肃嘉峪关与中核四〇四有限公司第四分公司六车间党支部结对共建，联合开展“党建联建聚合力，同心共筑促交流”主题党日活动，并举行校企合作协议签约仪式，进一步深化双方合作关系，形成“党建+产教融合”特色工作模式。

活动联办，促进深度融合。结对共建以来，双方基于党建联建的长效机制，综合运用实地参观、专题研讨、项目合作等形式，实现了在思想引领、文化传承、育人管理等多维度的深度融合，形成理念互通、方法共鉴的良好互动格局。如，双方赴黄继光纪念馆开展“校企合作谋发展，党建融合创共赢”党建联建主题党日活动；在中核四〇四有限公司“同星”馆，通过学习核工业发展历程，加强红色军工文化的弘扬和传承。通过构建红色军工文化协同育人的长效运行机制，双方聚焦协同发展目标，实现高校和行业“异质性资源”优势互补，有效提升了国防特色学科人才培养精准度，为行业发展提供人才支撑。

“产学研”融合强动力 “双核”研育科创力

“三联三对接”，提升实践创新能力。积极推动双方创建“产学研”融合和“校企合作”融合培养平台，以国家重大研发计划、重大企业委托项目等为牵引，带领学生在服务国家重大战略的需求中提升实践创新能力。实现了“三联三对接”，即构建校企联合修订人才培养方案、联合培养学生实践能力、联合解决技术难题，实现学生综合素养与军工文化传承对接、毕业标准与产业需求对接、实践能力与岗位要求对接。

党建引领成效显著，提升学生综合素养。党支部学生党员在全国大学英语四级考试中，过级率达到96%；近3年来，支部党员获得“国家励志奖学金”“研究生学业奖学金”“西南科技大学三好学生”“西南科技大学优秀学生干部”等荣誉；共发表22篇论文，其中包括8篇SCI一区论文、5篇二区论文、3篇三区论文；获得7项授权国家发明专利，立项10余项国家级大学生创新训练项目。在挑战杯、“互联网+创业”科技竞赛中获得10余项省级及以上奖项、20余项市级奖项。

“五式聚能”出人才　靶向聚力凝聚共建

优化素质发展赋能平台，激发第二课堂活力。2023年7月，学院领导带队赴中核四〇四有限公司第四分公司“访企拓岗”并开展校友座谈会；2023年7和2024年7月学院暑期社会实践分队及“两弹一星”宣讲团赴中核四〇四有限公司第四分公司开展社会实践活动及核科普活动。通过专业实践教学、社会实践活动、创新创业和志愿服务等多元实习实训方式，深化学生对行业的认知与实践体验，引导学生树立“成为国防科技人”的价值观和职业观。

深化协同育人，构建人才培养生态系统。学院秉持校地协同育人理念，构建起从理论知识到实践应用、从校园环境到职场环境无缝对接的人才培养生态体系。通过搭建多元就业平台，全方位提升学生就业竞争力，为军工单位输送大批高素质技术技能人才。中核四〇四有限公司连续8年到校招聘，学院累计为其输送优秀毕业生100余人，成为西部地区国防特色学科人才培养的重要基地。毕业生以“基础扎实、甘于奉献、综合素质高、创新能力强、适应力快、发展潜力大”的特点，受到了中核四〇四有限公司等军工单位的广泛好评。

在校企党建联建的整体布局下，国防科技学院/核科学技术学院学生第三党支部精准锚定核心任务与关键要点，全方位激活校企党建合作创新引擎，从文化聚能、育人储能、科技赋能、创新提能等多维度，为联建双方提质增效。展望未来，国防科技学院/核科学技术学院学生第三党支部将继续深化与中核四〇四有限公司第四分公司六车间党支部的合作，不断拓展和完善“‘红链’引领‘双核’驱动‘五式’并行”党建联建新模式，为国防科技事业源源不断地输送高素质专业人才，在国防现代化建设征程中彰显使命担当，书写时代华章。

（王　玮）

建筑赋能乡村振兴　校地企共建美丽乡村

◎ 土木工程与建筑学院教工建筑学党支部校地企基层共建创新案例

为深入贯彻落实党的二十大精神，进一步落实高校党建工作重点任务，土木工程与建筑学院教工建筑学党支部积极探索新形势下高校党建工作的新思路、新途径和新方法。

教工建筑学党支部围绕“建筑赋能乡村振兴　校地企共建美丽乡村”主题，以学校“联珠计划”为载体，围绕乡村振兴战略，发挥建筑学专业优势，与地方政府、企业、公益组织协同创新。在结合北川农村发展需求与特色基础上，建立绿色低碳乡村教学科研实践基地。

从传统村落保护与修复、绿色乡村建设等方面入手，教工建筑学党支部把党建共建与教师职业发展和学生成长成才结合起来，探索校地企在产业发展、协同育人、科研创新等方面联合共建的新模式。

党建引领多元共筑，“1+X”机制激活乡村建设新生态

教工建筑学党支部以“1+X”机制实现多方共建。学院依托党支部与绵阳科技城新区住建局党支部达成“乡村振兴校地合作”框架，并联合中国建筑西

南设计研究院“双碳”中心党支部、四川省建筑科学研究院有限公司建筑能源与环境研究院支部、北川羌族自治县公安局永昌派出所党支部、北川羌族自治县大鱼青少年公益发展中心党支部、北川羌族自治县和谐旅游开发有限公司党支部、学校土木工程与建筑学院建筑系学生第二党支部（建筑学专业）等，坚持实现以党建为引领，在队伍联训、资源共享、项目联培、人才联育等方面的联合工作。在此模式下，党建与业务工作深度融合。教师的职业发展与学生的成长成才有机结合，师生党员在社会服务中不断发挥先锋模范作用。师生走出学校，深入社会，深入实践。

教工建筑学党支部联合各党支部开展“七一校地企共建交流会”、布拖县及北川羌族自治县“传统村落保护”志愿活动、乡村小学“国安进校园”墙绘活动等一系列主题党日活动，在加强师生思想政治教育的同时，把思想政治教育贯穿高校人才培养的全过程，实现以党建工作为龙头、思想政治教育与专业教育的多向融合。

教工建筑学党支部赴北川县开展共建绿色低碳示范乡村活动

绿色乡村 碳测算体系绘就生态建设图景

高校、政府、企业、社会公益组织联合开展的党建活动，将学生党支部党员、入党积极分子带入了绿色乡村建设实践旅途。

各党支部组织进行绿色乡村建筑节能改造设计与研究、农村适老建筑改造、乡村清洁能源建设等试点项目，将太阳能、风能、地热能、生物质能等清洁能源引入绿色乡村建设中，并进行碳排放测算等工作，为农村碳达峰碳中和提供数据及案例支撑。

在此过程中，充分发挥高校科技创新优势，围绕乡村振兴战略，结合科教兴国、人才强国、创新驱动发展战略实施，实现产学研有机联动。

师生共成长 育人范式成就新突破

绿色乡村建设实践令师生逐渐实现“双成长”，让各党支部实现了资源共享、互助互建和共同发展。

党员教师通过与中国建筑西南设计研究院“双碳”中心党支部合作，联合申请了1项四川省住房城乡建设领域科技创新课题、1项授权国家发明专利、1项授权实用新型专利，联合编著《绿色低碳建筑设计》教材。

学生党员、积极分子以北川绿色低碳农宅示范基地为设计对象，通过交通建筑学党支部的党员教师、中国建筑西南设计研究院“双碳”中心党支部和四川建筑科学研究院有限公司建筑能源与环境研究院党支部的设计师联合指导，在全国高等院校第六届绿色建筑技能大赛中获得1项二等奖、1项三等奖、3项优秀奖的好成绩，并在学生创新创业训练、“挑战杯”中国大学生创业计划竞赛和中国国际大学生创新大赛中获5项省级及以上奖励、10余项校级奖励。

建筑学毕业生综合素质、创新实践能力明显增强，在各领域发挥重要作用，得到用人单位一致好评。2023年，建筑学毕业生就业率为93.26%，其中国企占10.87%、事业单位占2.17%、私企占32.61%，其升学率为23.91%。

共建循环　振兴模式释放品牌辐射效应

教工建筑学党支部和学生第二党支部在党支部共建的过程中，形成了以乡村振兴为特色的基层党支部建设体系。通过拍摄党建视频和系列网络宣传，在搜狐网、四川绿色建筑、北川青志协等网站及公众号上发布新闻报道，得到社会各界的关注和支持，获得了国内外绿色建材、节能减碳企业对北川乡村振兴的关注和赞助，扩大了学校“联珠计划”的影响力。

在此过程中，实践与理论的充分结合，让各支部党员更进一步坚守初心使命，实现从“以学为主”向“以学促行”的转变。以学促思、以思促行、以行固本成为师生们共同达到的良好效果。

（蒋　琳）

解码“五微”数字密码
培育新时代红色新青年

◎ 计算机科学与技术学院党委创新思政育人进阶模式

互联网时代是纷纭的时代，在其影响之下，高校大学生的思想政治教育也面临着新的机遇与挑战。习近平总书记强调：“做好高校思想政治工作，要因事而化、因时而进、因势而新。要遵循思想政治工作规律，遵循教书育人规律，遵循学生成长规律，不断提高工作能力和水平。”

当前，在面临思政教育效果不佳，缺乏针对性，与实践脱节以致知行转化脱节的问题上，计算机科学与技术学院党委推行了基于“互联网+”的“五微一体”（即微故事、微党课、微阵地、微活动、微心声）大学生思想政治教育工作法。

数字筑基　构建铸魂育人“微矩阵”

在新时代思政教育的求变之下，计算机科学与技术学院党委以互联思维破局。基于“互联网+”的“五微一体”大学生思想政治教育工作法，将“微故事——榜样育人、事迹育人”“微党课——释放信仰力量”“微阵地——构筑线上思政育人堡垒”“微活动——实践孕育真知”和“微心声——传播向上声音”融入大学生的学习与生活。

学院师生整合数据资源，制作出学生们喜闻乐见的内容。2017年，学院首先成立了以学生为主的新媒体中心，实践运营“西科有妙计”微信公众号，并以移动互联网技术为支撑，成立“i西科学生团队”“易班中心”，负责维护“i西科”平台与易班日常的维护。

通过解码社会热点问题、工程伦理问题、大师成长等题材，将大国工匠精神、家国情怀和使命担当融入精心打造的基于计算机学科背景的“微故事”中，这些故事横跨中外，贯穿古今。让学生在了解计算机学科发展史的同时，培养家国情怀、工匠精神和创新精神，达到“润物细无声”的效果，有效实现知识增长、思政素养提升的有效整合、协同共进。

在网络精品内容打造上，学院将视频《编码·未来》分成“寻梦·未来”“筑梦·未来”和“圆梦·未来”三个篇章，全面展示了西南科技大学校园风貌、大学生的生活点滴和计算机学科专业特点。该视频在网络平台上发布后，一周内点击破3万。姊妹篇视频《链接·未来》也在2024年上线。

红脉赓续　激活信仰传承“微党课”

学院党委自主研发“学党史、践初心、促发展”党课教育辅助学习平台。在数据可视化、人机交互以及爬虫技术的辅助下，以中国共产党成立之日为起点，以党史、党的重要会议、优秀党员事迹为主线，融合百年来中国共产党在文化教育、科技成果、超级工程、卫生事业、应急救援救灾、经济建设等方面的重大事件，详细展现了中国共产党的百年奋斗历程和新中国的发展史。

学院党委广泛开展讲党史活动，讲党史的形式从党委书记带头讲、党支部书记和支委跟进讲，演变为党员主动讲；次第传播的强阵容输出从红船精神到党的二十大精神，从杂交水稻到北斗卫星，从简体字的推广到教育现代化迈入新征程的强内容。

让党员以身边事教育身边人，将学习往深里走、往心里走、往实里走，不断推动党员学思践悟行，提高运用党的理论指导实践、推动工作和学习的能力。建党建国史党课教育辅助学习平台被四川在线、川观新闻、四川观察、绵阳电视台等多家媒体报道，并被新浪、网易、腾讯等多家媒体转载。

数智赋能　驱动乡村振兴“微实践”

在国家乡村振兴战略背景下，学院党委不断加强与地方的协同合作，以帮扶地区的需求为导向，以技术和智力帮扶为主要手段，充分利用学院的人才、智力、科技、学科和社会资源，干实事、出实招，将乡村振兴工作落到实处。

自活动开展以来，学院党委以“党建+乡村振兴”的方式，为江油市青莲镇双石村提供数字乡村设计服务。学院开发以物联网、云计算、智能数据挖掘等技术为基础，在旅游体验、产业发展等方面的应用，助力地方产业发展和乡村振兴、助推双石村的数字乡村建设。

在技术推进的实践下，学院党委以“党建+团建”为抓手。一是积极推进“老少共建党支部”工作，邀请老党员参与学生党建工作，积极开展学院入党积极分子的培养和教育，助力学生党支部的组织建设、思想建设和作风建设，将更多优秀的青年学生吸纳入党。二是紧紧围绕立德树人根本任务，以活动为载体强化实践育人，立足专业、学科背景，不断深化5个“1”工程（即1个党支部带1个团支部，携手1个学科方向和1个科研团队或实验室，开展1个特色党建活动），让大学生深入社会、了解社会、服务社会，不断增强大学生的社会责任感和使命感，并在此基础上增强学生思想政治工作实效。

硕果盈枝　镌刻人才奋进“微丰碑”

基于“互联网+”的“五微一体”大学生思想政治教育工作法为大学生构建起融于乐趣、融于日常、融于生活的“大思政”育人环境，以铸魂育人为根本目的，实现从“掌上”到“心间”的转化。

近3年来，学院有1名本科生获得“四川省大学生自强之星”，1名本科生获得四川高校大学生讲思政课公开课省级一等奖、四川省教育厅资助专题微视频大赛三等奖，17名本科生获得国家奖学金，2名本科生获得学校涪璋奖学金，3名本科生获得“CCF全国优秀大学生”称号，66名学生获得“四川省优秀大学毕业生”称号，19名学生获得“绵阳市三好学生”称号，10名学生获得“绵阳市优秀学生干部”称号，3名学生获得学校“西南科技大学十佳励志人物”称号，9个班级获得“绵阳市先进班集体”称号。

全国大学生数字媒体科技作品及创意竞赛参赛人员合影

学院分团委于2020—2022年连续2年获得“西南科技大学‘红旗团委’”称号；学院学生会于2020—2022年分别获得“先进学生会”和“奋进学生会”称号；计算机科学与技术青年志愿者服务团队于2022—2023年度获得“西南科技大学十佳志愿者服务团队”，2022年团队项目“计心协助·文创助残”获得四川省首届高校志愿服务项目大赛银奖和校级年度优秀志愿服务项目风采展一等奖，2名团队成员获得校级“年度优秀志愿者”称号；暖心科技团队于2020—2023年度获得5项校级社会实践一等奖、4项二等奖、5项三等奖，6名团队成员获得校级“社会实践先进个人”称号。

2021年，学院学子共斩获40项国家级奖项、114项省级奖项，其中包括1项“中国软件杯”大学生软件设计大赛国家级三等奖，11项中国大学生计算机设计大赛国家级奖项（1项国家级一等奖、2项国家级二等奖、8项国家级三等奖），19项省级奖项（3项省级一等奖、11项省级二等奖、5项省级三等奖），13项蓝桥杯全国软件和信息技术专业人才大赛国家级奖项（10项国家级二等奖、3项国家级三等奖），75项省级奖项（26项省级一等奖、17项省级二等奖、32项省级三等奖），1项全国大学生信息安全竞赛省三等奖、颁ACM国际大学生程序设计竞赛国家铜奖，2项省级银奖，10项中国高校计算机系列大赛国家级奖项（1项国家级一等奖、6项国家级二等奖、3项国家级三等奖）。

2022年，学院学子共斩获23项国家级奖项、92项省级奖项，其中包括5项中国大学生计算机设计大赛国家级奖项、10项省级奖项，6项蓝桥杯全国软件和信息技术专业人才大赛国家级奖项、61项省级奖项，2项全国大学生信息安全竞赛省级奖项，4项ACM国际大学生程序设计竞赛国家级奖项、7项省级奖项，8项中国高校计算机系列大赛国家级奖项、12项省级奖项等。

（王修竹　陈玉芳　周成毅）

科普驿站架彩虹桥　数理之美润青春路

◎ 数理学院党委“数理之美”科学传播实践育人品牌

习近平总书记强调：“科技创新、科学普及是实现创新发展的两翼。”高校开展科学传播既是完善国家科普体系、提升科普服务能力、助力科技强国建设的有效途径，更是学生强化专业能力、提升科学素养，涵养科技、文化自信，树立服务社会理念、强化使命担当的实践路径。

2023年5月，数理学院党委基于自身多年科普实践经验，将科学传播作为学生思想政治引领、专业能力实践提升、综合素质培养和就业领域拓展的新方向，创建党建引领的“数理之美”科学传播实践育人品牌，以科学精神、科学家精神传播为核心，通过网络传播、场馆浸润、科学宣讲、实践服务四态融合的传播路径，大力推进本硕博贯穿的科学传播实践育人思政新形态构建。

数理之美　网络传播科学力量

1999年起，数理学院党委前身理学院党委领衔建设“乔老师在线”在线平台，围绕物理主题，面向校内对物理感兴趣或有疑惑的学生群体开展答疑，并逐步拓展至物理科普，在线问答超10万次。

2023年，数理学院党委升级“乔老师在线”，在保留传统在线互动化传播的基础上，将服务队伍由退休老师扩展到退休老师及其指导的研究生、本科生党员团队，将传播平台从“乔老师在线”网络专栏拓展到专栏及以“数理之美—物理训练营”为主题的线下学堂与QQ群，专题指导100余名学生党员，服务2000余名学生。

2023年7月，数理学院党委推出科普公众号“swust数理之美”，以“数理科普、数理实验、科学家精神”三大板块，面向学生群体为主的公众开展网络科学传播。这是西南地区第一个以学生党员团队为主体运营的高校科普公众号，在虚拟空间为网友搭建了用通俗表达学习数理知识的平台。一年多的发展中，公众号推文94篇，得到了12090人次的浏览量。该团队还探索开展多期线下数理科普活动，让科学的力量在网络与现实空间交互传递。

光芒璀璨　中国科技城光学科普基地建设

2023年5月，“数理之美”品牌创立的同时，数理学院党委争取到学校与绵阳市科技局支持，启动中国科技城光学科普基地建设。基地以传播“科学精神与科学家精神”为目标纵轴，以“前沿光学参观与实验观摩、光学历史与光学科学家精神学习、光学科普实验体验”为内容横轴，整合建设极端条件物质特性实验室、光学科普微广场、光学科普实验室，共计5000平方米场馆，通过参观、体验、“龙山星火”研学等方式，由师生党员团队面向青少年和大学生群体为主的社会公众开展“迎进来”光学科学传播。其中，光学科普微广场内容涵盖光学历程、前沿光学知识、生活中的光学科普、光学科学家精神展示四个板块，设计与讲解全部由学生党员团队执行。这既是科学思政的新案例，也是校园文化育人的新场所。1年来，基地已接待19场来自西藏、四川等地的科普来访，共计2000余人次。

火种专项　科学宣讲育新人

“数理之美”科学传播宣讲团，是面向全院选拔的以党员为代表的，兼具较高专业技能与丰富讲演经历的师生团队。团队实施集体备课、表达能力培训，依托中国科技城光学科普基地、数理文化节、科普大篷车等，为来校调研的领导专家、全校师生、研学青少年和社会服务幼小学生、社区公众等对象，提供专业化、科普化的科学家精神主题宣讲，打造了“中国科技城光学科普基地”“‘数理之美’行走的光学课堂”“数理科学家的奋斗故事”等多个宣讲主题。

“数理之美”科普大篷车以光电系党支部、学生党支部、研究生党支部、学生会、研究生会、“爱启航”志愿团队为共建主体，面向以青少年为主的公众群体，推广普及数学物理科学知识，提升大众科学素养。这是“数理之美”科学传播走出去的重要形式。

结合大学生社会实践活动，学院服务了四川绵阳、四川雅安、四川布拖县洛镇、贵州遵义、新疆喀什等地，在这些地区的中小学、幼儿园、社区开展“科学精神与科学家精神”的科普活动。在1年多时间里，实践团队获评1次全国示范性团队、2次全国重点团队、1次省级重点团队和四川省“三下乡”社会实践优秀品牌。

2023年10月，“数理之美”科普大篷车受邀在中国（绵阳）科技城国际科技博览会和川渝科普大会进行现场展示。2024年5月至8月，“数理之美”实践服务开展了双向奔赴式“送科学入彝乡”浸润活动，运用科普讲座、研学参观、实践体验、科普夏令营等多种方式，激发彝乡青少年科学兴趣、塑造其科

"数理之美"科普大篷车"智润彝乡"浸润式专项行动

学精神、提升其科学文化素养，活动反响热烈，得到了彝乡群众的认可，被"学习强国"学习平台、人民网、《中国青年报》等20家媒体报道。

探索行动　科普集成科研优势

经过1年多的探索，在"数理之美"科学传播实践育人思政体系下，已有1000余人次的学生参与科学传播活动。在科学传播的实践中，面对专业知识准确性、公众话语体系转化表达有效性的要求，数理学院党委启动"数理之美"科学传播能力提升计划，引导学生充分利用科技文体活动平台，提升科学传播能力，并为学生提供经费支持与专业能力辅导，更有由党委书记亲自领衔的“数理之美”文化育人教师团队对学生进行科学与公众话语体系表达转化指导。

学生对专业知识的学习理解得到了强化，科学文化素养有效提升，科技活动参与积极率提高20%，在各项路演竞技中脱颖而出，拿下141项省级以上科技竞赛奖项，创学院近5年最好成绩。其中，学生在第十八届“挑战杯”全国大学生课外学生科技作品竞赛中荣获银奖，创造了西南科技大学最好成绩。在科学传播的组织实施中，学生的沟通协调交流等综合能力和创新性应用能力得到增强。他们将科学传播与思想引领相结合，运用物理实验解析成长故事制作的公益短片《那艘快艇》，荣获2023年全省高校学生资助诚信教育宣传作品评选活动公益短片组二等奖。在深入社会的科学传播服务中，学生的社会责任感得到高度激发。

“我为自己能够运用专业知识，为孩子们带去科学的火种而自豪。”“我觉得这一经历是我人生中最为华丽的篇章。”“我将继续努力学习专业知识，积极参与科学传播活动，践行一名数理学生的使命与责任。”“在我们宣讲的时候，我从他们的神情中，看到了对知识的渴望和心中的梦想……道阻且长，我愿做那逆流而上的奉献者。”参赛同学们的话语萦绕耳际。

“数理之美”科学传播实践育人思政体系对于学生能力、思想引领双提升的初步效果也得到了学校的认可。“数理之美”文化育人教师团队被西南科技大学立项为巾帼建功岗，“数理之美”本科生党支部与绵阳市青义小学共建联合党支部获批学校“联珠计划”，以“科学传播为抓手的研究生教育管理改革”立项学校研究生思政引领专项。

未来，数理学院党委将持续打造“数理之美”科学传播实践育人品牌，构建有特色的实践育人思政新范式，探索更贴合社会需求，符合学生成长规律的实践路径。

（钟一鸣　贺红梅　谭彬彬）

三位“译”体工作法 促党建与业务共发展

◎ 外国语学院党委“三位‘译’体”党建工作模式

成渝地区双城经济圈建设，是习近平总书记在2020年1月主持召开第十九届中央财经委员会第六次会议时作出的重大决策。在四川省教育厅和学校党委的正确领导下，外国语学院党委坚决贯彻落实习近平总书记来川视察重要指示精神，坚持以习近平新时代中国特色社会主义思想为指导，全面落实立德树人根本任务，从积极服务成渝双城经济圈建设这一国家战略的高度出发，创新性地构建了“三位‘译’体”党建工作模式，探索出了一条党建引领学科建设、人才培养、社会服务的发展新路径。

“译”学树正气 孕育学院新风气

外国语学院党委将教职工政治理论学习和二级党委理论学习中心组学习相结合，通过翻译《习近平谈治国理政》第二卷关键词精选、党的二十大报告、党的历史等时政热词的方式，“译”学树正气，加强政治建设。一是旗帜鲜明讲政治。坚决贯彻党的路线方针政策，及时传达落实党中央决策部署，在思想上政治上行动上同以习近平同志为核心的党中央保持高度一致，为成渝地区双城经济圈建设培养政治立场坚定、思想素质过硬的高水平人才。二是不折不扣讲规矩，坚持民主集中制。修订党委会、党政联席会议事规则，充分发挥党支部、系（科室、中心、基地）、民主党派、关工委老同志和学生代表的作用，提高科学决策、民主决策水平。三是讲廉政故事，正风肃纪。以双语讲廉政故事、红色故事的方式，将廉政建设、红色资源、关工委工作与党建工作重点任务结合，推进基层党建工作重点任务落实。

“译”文抒情怀　推动学院改革发展

党建工作要与学院中心工作相结合，与专业和课程建设相结合，与科研和学科建设相结合。学院党委坚持以党建引领，充分发挥党组织的政治核心作用，围绕专业和课程建设、科研和学科建设等中心工作，以“译”文抒情怀，不断探索党建工作新模式，推动学院改革发展。

在党建促进中心工作发展方面，学院党委指导党支部依托拉美研究中心、外国语言文学研究中心和四川历史文化故事普及基地等平台，组织党员结合学科专业开展传统文化外译活动：编撰出版中英双语读本《绵阳优秀地方文化外译丛书》；编译《重温党的百年光辉历程》宣传册，外译《巴蜀文脉》《全景四川》《蜀歌川谣》《魅力川剧》等。通过外译传统文化，党员榜样作用得到了充分发挥，夯实了党建工作的基础。

“译”家聚人心　推动“三全育人”落地开花

外国语学院党委积极构建党建、职工小家，进一步完善课程思政协同育人机制。一是全面实施课程思政改革。学院工会组织青年教师参加课程思政比赛，加强教师对“理解当代中国”育人理念的融入运用，发挥课堂教学在育人中的主渠道、主阵地作用，努力培养既有国际视野，又具备家国情怀，能够讲好中国故事、四川故事的高端外语人才。二是积极探索“三全育人”教育理念，建立教研一体、学研相济的科教协同育人新机制。发挥“公共外语+”育人平台作用，辐射教学科研、管理各岗位，构建大统战工作格局。三是工会小组和党支部协同，发挥语言优势，开展“‘语’你同行”系列活动，助力中华文化国际传播。带领外籍教师赴北川羌族自治县、布拖县体验民族文化，举办“‘赓续中华文脉，讲好中国故事’中华传统文化知识竞赛”等各类文化科普活动，学院党建工作成效明显。

教育教学新动能持续激活。一是党支部在服务全校公共外语课程教学方面发挥坚实堡垒作用。完成全校外语课程5.4万当量学时，面向全校开办了26场全国大学生英语四、六级考试，考研公益讲座。二是“以赛促学”“以赛促教”。指导学生在“理解当代中国”大赛中获3项省级金奖、3项全国奖银奖；2名党员教师获全国高校外语课程思政案例大赛二等奖和三等奖；在学院教学竞赛中，2名教工党员均获第一名。三是示范引领，就业提质增效。2024届毕业生就业率达92%，读研率达22%。

科研和学科建设进步明显。党员在“有组织的科研”中凸显先锋模范作用。党员获得5项省部级以上项目，发表了8篇D级以上学术论文，获得2项绵阳市社科成果奖一等奖。学院新增2名国家社科基金评审专家、1名文旅部艺术科学规划专家、3名国家一级学会重要学术兼职人员。新增一级学科“区域国别学”。

社会服务能力进一步提升。与智利驻成都总领事馆总领事、俄罗斯圣彼得堡彼得大帝理工大学、萨尔瓦多大学等专家学者开展6场中外文化交流。党员志愿者服务队为欧盟、巴西、奥地利、马来西亚等10余个国家和区域性组织提供150余万字翻译服务。语言服务地方经济发展能力持续提升。

急国之所需，强学校之需，坚持党建引领，坚守育人初心。外国语学院党委始终坚持和贯彻落实习近平总书记关于国际传播和共建“一带一路”重要讲话精神，以及习近平总书记来川视察重要指示精神，深刻领悟外语教育在新时代的历史使命，把服务国家战略、服务成渝双城经济圈建设和服务学校中心工作作为人才培养目标，大力培养具有深厚的家国情怀、扎实的外语水平及国际传播能力，能够用外语讲好中国故事的时代新人。

（周凤生　刘　艳）

书法里的党史
——追忆往昔峥嵘路，重温笔墨砺初心

◎ 文学与艺术学院第一党支部特色党建活动

文艺学院第一党支部共30人，其中有16名博士，12名教授、副教授，2名省级学术带头人。党支部于2022年获得校级“优秀基层党组织”称号。近10年来，支部党员共完成1项国家重大科技项目、20余项国社科项目、50余项省部级项目，出版40余部学术专著、教材等，先后在《文学评论》《中国语文》《民族文学研究》《光明日报》等重要刊物发表400余篇文章，相关文章多次被人大复印报刊资料转载。2022年10月起，为深入学习贯彻习近平文化思想，落实繁荣发展文化事业、弘扬传统文化的指导精神，文学与艺术学院党委领导第一党支部开展“书法里的党史”系列特色党建活动，有效促进学院“一融双高”建设。

“书法里的党史”让传统文化与革命精神深入人心

“书法里的党史”是在深入学习习近平文化思想及其相关重要讲话精神的基础上，通过学习早期无产阶级革命家书法的形式，开展党史学习教育，在引导公共艺术教师队伍知史爱党、知史爱国，在新的征程上牢记初心使命，为新

文学与艺术学院第一党支部开展“书法里的党史”特色党建活动

时代中国特色社会主义文化建设贡献力量的同时，还弘扬了书法这一中华优秀传统文化。

党支部采取了四种形式推进“书法里的党史”走深走实：一是鉴赏早期无产阶级革命家的书法作品，深挖作品历史故事，领悟作品革命精神，深化党史学习；二是赏析经典历史法帖，梳理相关历史书论，涵养审美意识；三是临摹法帖，在熟悉历史基础上传承书法文化；四是书法创作，在书写中领悟诗词中的革命精神。党支部先后以隶书、楷书、行书、草书、小楷等书体，完成了以革命为主题的系列书画创作，并于2023年、2024年先后2次在东11艺术展厅举办专题展览。党支部将书法与党史深度融合，亦让传统文化与革命精神深入人心。

“书法里的党史”让文化“两创”在教学科研中开花

习近平总书记强调：“要处理好党建和业务的关系，坚持党建工作和业务工作一起谋划、一起部署、一起落实。”“书法里的党史”系列特色党建活动紧紧围绕“弘扬中华优秀传统文化”“开创中华现代文明”两个主题，依托学院“网络文学研究中心”“古代西南各民族文学与文献研究中心”两个平台，坚持自学与联学，积极培育重大科研项目。其中，联学包括内部分享学习和校外联动学习。建设联建平台，推进资源共享、优势互补，在联学联建中相互激发、共同进步，在“两个文明”协调发展中推动中华优秀传统文化创造性转化、创新性发展，并使之成为涵养社会主义核心价值观的重要源泉，为中国式现代化建设贡献力量，以文化之力为国家和地区发展战略服务。

“书法里的党史”积极推进了学校的教学改革并取得实效。李澜澜、高树浩、石英、王志冲、徐国富等同志依托庞中华艺术研究院，积极参与学校书法公共课的设计与建设，开创性地提出“大美育视野下理工科大学书法育人”的理念。他们立足理工科大学美育相对薄弱的现状，突破传统书法教育局限，倡导将书法教育与理工科专业教育相融合，注重培养学生的审美素养、人文精神和创新思维，以“书法课堂”为核心推动育人模式创新，为理工科大学美育改革探路。“书法里的党史”实施“全维度书法课程设计、全过程多元学业评价、全路径推进个性化书法学习、全师资提升书法教学水平、全方位增加书法教学投入”的综合举措，率先打造契合书法育人改革的“艺术沉浸式”教学环境，实现教学理念与环境的深度融合，达到了“书法室不只是用来练习的，校园不只是用来学习的，活动场所不只是用来休闲的”的育人效果。

“书法里的党史”让文化社会服务创新有实效

党支部以“赓续传统，致知于行”为使命，践行“深化全民阅读”的指导精神，坚持走出学院，面向学校、社会开展相应的传统文化联建活动，积极建设“全民参与式课堂”，与其他高校以及地方书协、文联等开展“书法联珠”活动，并与绵阳市李白纪念馆、绵阳市博物馆等单位联合开展系列书法沙龙和展览，使文化服务社会的形式更丰富、内容更饱满、效果更显著。

“书法里的党史”作为文学与艺术学院第一党支部系列特色党建活动，以红色资源为墨，以优秀传统文化为笔，通过艺术体验与审美再造的形式，让党的精神从文件走向生活，从抽象的理论转化为可感可知的艺术体验，引导党员在党史的学习中，重温党的光辉历程，将革命精神转化为业务工作的动能。这既是一场“以美育人、以文化人”的教育实践，又是践行习近平文化思想和《高校公共艺术课纲要》的有力行动；既加强了文艺学院公共艺术课教材建设、人才队伍建设，又在实践类课程教学改革和文化两创的科学研究探索中迈出了坚实的步伐，为学院“一融双高”注入了新活力。

（徐国富　朱光良　高　敏）

午餐师说
——使党建与思政浸润三餐

◎ 法学院法学系教工党支部党建品牌活动

新时代的大学生每天主动获取与被动推送着各类海量的信息。他们虽不缺乏信息的获取渠道，但是在甄别信息、探究本质、理性思考、准确判断上仍需要高校教师的引导与解惑。为了引导年轻一代坚定不移跟党走，同时也给大学生提供向教授充分求教的平台、给教授提供了解大学生思想动态的机会，法学院法学系教工党支部（原法学院教工第一党支部）创新开展“午餐师说”党建品牌活动，成为党支部积极落实“三全育人”工作的重要举措。2024年，党支部获批教育部第三批全国党建工作样板支部。

飞行嘉宾 注册席位

“午餐师说”活动自2018年开始，目前已形成了较为成熟稳定的活动模式。该活动利用午餐1小时的休息时间，由党支部提供工作简餐，每期邀请1位教授作为活动嘉宾，同12位大学生共进午餐。师生围绕当期的主题通过“嘉宾讲述、学生采访、答疑解惑”的环节进行互动交流。其中，定制餐单，是“午餐师说”活动的隐藏彩蛋：从“静宁见春”到“顺遂无虞”，从“祉猷并茂”到“万里可期”，家常的菜式经过“改头换面”之后有了不同的名称，其体现的不仅是党支部对学生的关心关怀，更体现着党支部对学生的美好祝愿。

关注需求　精心选题

充分关注学生需求。每一期的选题会上，党支部委员在经过集体讨论后，会结合学生在该相近时期的需求确定当期选题。例如，3月会专设“就业专题”，4月会专设“转专业与大类分流”专题，9月会专设“考研升学”专题。党支部根据每期主题邀请特定领域的嘉宾出席。从退休校领导到关工委专家，从留学归国教授到思政课教授，从法学教授到心理学教授，从学生工作领导到教学工作领导，从专业负责人到系主任，每一位嘉宾均结合主题从自身经历出发，与学生分享点滴感悟，为在校大学生拓展认知世界的途径。

党团携手　引领思想

在常规专题之外，党支部会根据近期党中央发布的重要政策文件设置系列专题，并轮流邀请团支部成员参加。例如，从“一粥一饭，给你答案”到“心怀理想，拥抱现实”，从“理性判断，积极探索”到“学在其中，乐在其中”，从“学法明道，博观约取”到“勇于探索，坚持热爱”，从“爱国爱家，青春无悔”到“心怀大志，留学报国”，从“红船启航，一往无前”到“中国道

法学系教工党支部创新开展“午餐师说”特色活动

路，百年经验”。党支部积极围绕党建主题，融入课程思政，灵活开展午餐微党课，引领青年大学生思想风潮。

“午餐师说”活动开展以来，已先后推出28期，覆盖校内各学院、各专业330余位学生。来自法学院2020级的朱利平同学说：“‘午餐师说’活动边吃边聊的氛围轻松愉悦，为我们和老师们提供了自主、自由的交流环境。利用午餐1小时的休息时间，我们拓宽了眼界，了解到老师们的奋斗历程的同时，也为我们自己加油鼓劲。”下一步，党支部将继续发挥“将支部建在连上”的光荣传统，从教书育人出发，努力建成推动学校党建工作与事业发展“一融双高”的坚强堡垒。

（徐　文）

“三有”引领合作 “多赢”铸造堡垒

◎ 体育与健康学院党支部校地共建实践案例

中国（绵阳）科技城作为国家科技创新先行区，肩负着推动产教融合、服务地方发展的重要使命。体育与健康学院社会体育指导与管理专业教研室党支部（以下简称“学院党支部”）与中国（绵阳）科技城新区消防大队党支部（以下简称“消防大队党支部”）立足区域发展需求，以“堡垒联铸、旗帜共扬”为核心理念，创新提出“有责、有为、有成”的三有工作法，探索校地党组织共建共享新模式。双方通过资源共享、优势互补，将党建引领融入人才培养、社会服务、科研创新等实践场景，打造出“教育+消防”跨界融合的红色样板。

以“有责”明方向 构建党建引领责任体系

双方党支部积极强化共建机制，成立联合工作领导小组，明确“书记牵头、支委领衔、党员参与”的三级责任体系。通过“责任到人”，充分发挥联合党支部每一位党员的个人能力和特长。围绕“组织建设共促、党员教育共抓、人才培养共育、社会服务共行”四大目标，找准合作切入点，制定年度共建任务清单，确保合作目标明确、责任清晰，并将消防职业精神培育、体教融合课程开发等12项具体任务纳入党支部考核指标。

为进一步找准共建方向，双方党支部多次进行沟通和讨论，确保需求精准对接。学院党支部针对消防员体能训练科学性不足、职业伤病高发等问题，提出“运动康复+消防实战”帮扶计划；消防大队党支部则依托应急救援场景资源，为学院学生提供沉浸式思政教育平台。双方联合梳理制定“共建需求清单”，形成“党性教育联学、实训基地联建、科研课题联攻”的合作框架。自联合共建启动以来，累计开展20余场联合党建活动，推动多项合作项目落地，惠及师生、消防员及社区居民，为新时代基层党组织建设提供了鲜活经验。

以“有为”促落实　创新多维协同实践路径

双方党支部创新打造党建品牌，将支部党员党性锤炼与思政品牌相融相促，打造“理论联学+场景体验”立体化教育模式。双方以主题党日活动为载体，在消防训练基地开展“生命至上·校站共建”主题党课。消防大队党支部通过“知识讲解+设备体验”的形式展现真实救援场景，消防员现场演示破拆救援、高空速降等实战技能，党员教师穿戴消防装备参与模拟火场逃生，通过“角色互换”深化对“人民至上”理念的认知。

双方深入贯彻落实习近平总书记关于职业教育和人才培育的指示，以培养高质量人才为抓手，联合开展“学习两会精神，融通学科育人”的共建活动。围绕体育与应急救援技能人才融合培养的课题，消防专家对社会体育专业人才培养方案中的相关课程提出建议，并与党员教师共同探讨应急救援体能技能选修课的可行性与内容方案。

人才精准输送是双方共建的重要方向。学院与中国（绵阳）科技城新区消防大队联合建立实习示范基地，学院学生参与消防员体能测试数据分析、训练方案制定等实战项目，为学生提供了丰富的实践机会和多元的职业发展路径，实习就业转化率高。目前，学院已向消防系统输送10余名专业人才，用人单位满意度超过90%。

以“有成”见成效　攻关科研难题反哺社会

为有效应对消防职业伤病问题，学院党支部与消防大队党支部组建“党员攻坚小组”，聚焦职业问题，开展联合攻关。双方围绕“消防救援职业人群运动致疾预防体系研究”课题，筹建消防员伤病数据库，研发定制化康复训练方

体育与健康学院党支部与中国（绵阳）科技城新区消防大队党支部开展党建联建活动

案。双方党支部共育的科研成果有望在2026年转化成为《基层消防队员职业伤病特点和预防手册》，并在全省范围内推广应用。同时，学院党支部书记冯兴刚带领课题组为一线消防队员开讲“科学体能训练思考与实践”公益课程，围绕消防职业特点系统解答案例难点，提升了消防队体能训练的科学性，使双方在体能训练领域深度合作。在2024年度省级体能大比武赛事中，学院党支部党员师生组成技术监督服务岗，全面负责多个项目的裁判和技术指导，以零投诉的高评分获参赛单位认可。

双方党支部通过“责任共担、资源共用、成果共享”机制，破解了校地合作中目标分散、动力不足的难题，确保共建可持续、能落地。在联合开展合作共建中，始终以“服务人的发展”为核心，将党建活动嵌入专业建设、社会服务等具体场景，既助力学生成长为复合型人才，又推动消防员职业能力提升，更惠及社区居民安全需求，实现了“1+1>2”的协同效应，形成多方受益的价值闭环。

学院党支部与消防大队党支部的共建实践，生动诠释了“党建做实了就是生产力”的深刻内涵。通过“三有”工作法激活组织动能，以“多赢”目标凝聚发展合力，这一模式为新时代基层党组织打破领域壁垒、深化跨界合作提供了可复制、可推广的实践范本。下一步，双方将持续深化共建内涵，让党建引领下的校地合作在服务国家战略中绽放更大光彩！

（冯兴刚）

创新领航　智创未来

◎ 继续教育学院党总支构建高效服务体系的创新实践

党的二十大报告指出，“加快建设教育强国、科技强国、人才强国，坚持为党育人、为国育才，全面提高人才自主培养质量，着力造就拔尖创新人才，聚天下英才而用之”。这一重要论断揭示了教育在全面建设社会主义现代化国家进程中，作为基础性、战略性支撑的关键地位。

在教育事业蓬勃发展的当下，继续教育学院作为沟通学校与社会的关键纽带，承担着为社会培育专业人才、提供终身学习机遇的重要使命。继续教育学院党总支紧跟时代步伐，以师生群众满意为目标，全方位提升教职工服务意识与服务水平，在教育实践中积极践行“规范是最好的服务”这一理念，致力于为继续教育学生、教学点、专业学院提供优质、高效的服务。

继续教育学院荣获“2024最具社会影响力高校继续教育学院”称号

规范服务　高效对接　提升服务效能

教职工的服务态度，既是衡量学院服务水平的重要指标，也是学院实现可持续发展的关键因素。继续教育学院党总支深刻认识到教职工服务态度在学院整体运行和声誉建设中的重要作用，确立“规范是最好的服务”的服务理念，通过定期组织培训、开展师德师风教育、“三会一课”、主题党日、学习先进典型、谈心谈话等多种方式，不断提升教职工的职业素养和服务意识。

在实际工作中，学院推行“首问责任制”。每位教职工不仅要精通自身业务，还需熟悉其他同事的工作内容，确保服务对象咨询问题时，能迅速、准确且令其满意地解决问题。遇到复杂问题，首问责任人会引导服务对象找到最合适的联系人或部门。此外，院领导实施“拓展业务市场、挖掘校友资源、规范站点管理一体化”带班行动，通过深入开展调研、走访，实现对继续教育各类业务的全面覆盖与深度开发，保障同一区域内不同业务能够“一站式”高效对接。这些举措有效减少了信息传递过程中的延误和失误，大幅提升了服务对象的满意度。

数字赋能　智能服务　提升服务能力

继续教育学院承担着学历继续教育（成人教育、网络教育、自学考试）和非学历继续教育（培训）等多元化教育任务。为满足不同服务对象的多样化需求，学院党总支以习近平新时代中国特色社会主义思想为指引，积极推进全流程数字化支持服务体系建设。

学院建设了适用于成人教育、网络教育和自学考试的教学教务管理平台，简化管理流程，实现从招生注册到学生毕业等管理工作全流程的自动化与集中化，减少烦琐的手工操作和纸质文件使用，有效提高了办学和管理效率。同时，打造学校普教和继教“导、学、评”一体化的课程数字化教学资源，并通过发起和加入“网络教育教学资源研发中心”“百校千课共享联盟”等校际资源共建共享联盟，促进优质课程资源的共建共享，提升教学资源质量，扩大优质教学资源的辐射范围。

此外，学院还通过建设在线教学、小学分素质教育课程、直播课堂、在线实验、毕业设计（论文）指导、试卷库建设与管理系统、在线考试等智能化教学与服务平台，实现了教学过程数字化、论文指导数字化、考试运行智能化、分析反馈数据化。近2年来，学院累计开展240余万科次学生在线考试。学院建立人工智能客服系统和契合办学实际的知识库，咨询解决率达81.56%；建设“西科在线”微信公众号，定期推送教学教务通知、学习提示等内容，提醒学生按时完成学习任务和教务活动，服务号累计关注人数已有4万余人；搭建短信平台，定期向学生发送各类信息，提示和督促学生学习；通过QQ热线、留言板、电子邮件等服务渠道为学生提供咨询服务，实现支持服务的智能化、泛在化和多元化。灵活、便捷的学习和支持服务更贴合学生个性化需求，真正做到使学生时时可学、处处能学。

强化监督　保障质量　提升服务水平

为确保各项服务措施切实落地，继续教育学院党总支建立了完善的监督机制，制定了《继续教育学院教职工考核实施细则》，从德、能、勤、绩、廉五个方面对各类岗位人员进行考核，促使每一位教职工在岗位上充分发挥潜能。

在师德师风建设月期间，继续教育学院党总支要求全院教职工对照新时代高校教师职业行为十项准则，全面自查与核查日常教育教学行为和立德树人工作情况。学院在学院官网主页公布书记、院长信箱、热线电话、继续教育虚假招生宣传曝光台等信息沟通渠道，接受社会各界监督，及时发现并解决问题。这些举措有力保障了学院服务水平的持续提升。

40多年来，继续教育学院始终坚持开放办学。通过规范化服务、数字化建设和严格的监督机制，不断优化服务流程，提高服务效率，累计培养100万余名应用型、技术型人才，为地方经济发展作出重要贡献，赢得政府、行业与社会各界的高度认可，先后荣获50余项中国最具社会影响力高校继续教育学院、全国自学考试先进集体等荣誉。

站在新的起点上，继续教育学院党总支将继续以创新为引领，拓展产教融合范围，力求在更大范围、更宽领域、更高层次上推进学院高效服务体系的创新与实践，助力学校“双一流”建设。

（王红妮）

关工委党员宣讲团
——用理想信念导航学子人生

◎ 离退休党委开展理想信念教育创新实践

习近平总书记在全国高校思想政治工作会议上强调："高校思想政治工作关系高校培养什么样的人、如何培养人以及为谁培养人这个根本问题。要坚持把立德树人作为中心环节，把思想政治工作贯穿教育教学全过程，实现全程育人、全方位育人，努力开创我国高等教育事业发展新局面。"新生入学教育是新生从中学到大学过渡的一个重要环节，是整个大学教育的起点，是大学生进行角色转变、树立学好本专业信心的重要阶段。2002年起，关工委利用新生入学教育平台坚持开展理想信念教育，宣讲内容以社会主义核心价值观为主线，从励志成才到爱国主义，从为学为人到学业事业，从校情校史到就业创业。从开始的自发组织到由学工部纳入新生入学教育统一安排，迄今已逾23个年头。

筑梦大学　关爱启迪学生心灵

老党员们于新生入学之际，倾情奉献理想信念教育盛宴。以立德树人为根本任务，围绕理想信念、校情校史、励志成才、就业创业等主题，紧密贴合时代脉搏、社会现实、学校特色与学生需求。以情动人、以理服人，将时代精神与现实生活巧妙融入讲稿，打造出一系列兼具知识性、思想性与人生哲理的精彩报告，深深触动学生心灵，激发其奋进力量。在“励志成才”篇章中，万朴教授以《筑梦大学：读书与成才之路》《大学生之理想与学习能力》为题，直击“何为大学”“大学生之使命”等新生关切热点，深入剖析，激励学子们矢志不渝，追求卓越，成为博学、理性、善思考、有理想的当代杰出青年。在“校情校史”篇章中，姚荣东教授以《铭记校史，砥砺前行》为题，将学校的发展历程娓娓道来，生动诠释西南科技大学“艰苦奋斗，拼搏创新”的精神渊源与深刻内涵。在“创新创业”篇章中，毛祥庆教授以《创新创业，筑梦未来》为题，鼓励学子们积极参与社会实践，密切关注行业动态，将专业知识与时代发展紧密结合。近年来，更有胡思得、乐嘉陵、于俊崇、范国滨等院士倾情加盟，共襄新生入学教育盛举，深受青年学子们的喜爱与欢迎。

春泥护花　理想信念教育实践

“落红不是无情物，化作春泥更护花。”关工委老党员们在新生入学报告中融入了自身的人生阅历，融入了学校的发展历程。他们跌宕起伏的人生、矢志不渝的追求，生动地展现了学校的发展历程，启迪着青年学子汲取前辈智慧，继承发扬优良传统，使他们树立远大的理想抱负，珍惜美好的大学时光，让他们学会求知、学会做事、学会共处、学会做人、学会创造，以积极主动、健康向上的心态投入今后的学习、工作和生活，从而使理想信念教育产生动情、晓理、导行的效果。

离退休党委开展理想信念教育宣讲组工作会

春华秋实　宣讲成效与社会影响

近10年来，关工委党员共作270多场宣讲报告，受众达10万余人次。宣讲队伍从早期的无固定成员发展为现在的固定团队，先后有40多位院士、专家，以及15名校内骨干成员参与宣讲。《光明日报》《中国教育报》曾先后以《理想信念导航学子人生——西南科技大学创新理想信念教育》《用理想信念领航青春梦想》为题予以报道。2021年，学校关工委获教育部“关心下一代工作先进集体”荣誉。2023年9月，四川省教育厅关工委宣讲团在学校举行成立仪式，宣讲团全体专家观摩了学校关工委“五老”的宣讲报告，并给予了高度评价。

23年来，离退休党委组织关工委专家坚持在大学生中开展理想信念教育，弘扬主旋律，传递正能量，取得了突出的成绩，产生了很好的效果和社会影响，也成为学校关工委工作的一张名片。不少新生听报告后提交了心得体会，纷纷反映受益匪浅。关工委党员们的报告对刚入大学、正处于迷茫时期的新生来说，无疑是最大的帮助和关爱。下一步，离退休党委将继续组织老党员践行“为党育人、为国育才”的初心和使命，用对党的忠诚与热爱绘就一抹灿烂的夕阳红。

（张 洪 肖 寒）

塑造“创新实践、匠心育人”党建品牌 助力“五育”并举与一流本科教育建设

◎ 工程技术中心党总支党建工作实践案例

工程技术中心是面向全校开展工程训练和创新实践教育的公共实践教学平台，同时也是工程训练国家级实验教学示范中心，现有教职工42人，其中党员有28人。工程技术中心党总支始终坚守立德树人的初心，牢记“为党育人、为国育才”的使命，全力打造“创新实践、匠心育人”党建品牌，致力于搭建一流的工程实践与创新平台，提升学生的工程实践与创新能力，推动学校一流本科教育建设。

党建引领　铸就“创新实践、匠心育人”品牌

党总支紧扣工程训练、创新实践教育核心任务，精心凝练并塑造了“创新实践、匠心育人”党建品牌，其党建工作围绕实践与创新两大业务，注重培育学生的创新精神和工匠精神，引导教师以匠心培育学生，形成独具特色的“匠心育人”文化。工程技术中心依据《中国共产党普通高等学校基层组织工作条例》和自身高质量发展需求，组建工程训练党支部、工程创新实践党支部，实现“支部建在连上”；通过优化党支部设置、推进“双带头人”教师党支部书

记培育等工作，增强党支部战斗堡垒作用，为党建与业务深度融合筑牢组织根基。

党总支将党的政治建设摆在首位，强化理论武装，实施政治理论学习3个常态化计划，严格落实“第一议题”制度。指导各党支部总结提炼工作方法，推进基层党支部标准化规范化建设。引导全体党员深刻领悟“两个确立”的决定性意义，营造“正气充盈、昂扬向上、和谐包容、团结奋进”的良好氛围，充分发挥党支部的战斗堡垒作用和党员的先锋模范作用，为工程中心各项事业的发展注入强大动力。扎实的政治建设和优良的作风建设，为党建与业务深度融合提供了坚实保障。

党总支坚持党管人才原则，大力加强师资队伍建设。重点推进“师德师风建设、团队建设、能力建设”，致力于打造学术型、专业型、技能型三支高水平师资队伍。近年来，工程技术中心教职工成绩斐然，多人荣获各类荣誉称号，其中1人被评为“绵阳市优秀教师”，7人被评为“西南科技大学优秀共产党员”，3人被评为“西南科技大学‘三育人’模范职工”，1人被评为“西南科技大学教学名师”，3人被评为“西南科技大学师德标兵”，7人被评为“西南科技大学优秀教师”，4人被评为“西南科技大学优秀教育工作者”等。

协同育人 支撑“五育”并举人才培养体系

党总支充分发挥工程训练国家级实验教学示范中心的平台优势，深化教育教学改革，优化工程训练与创新实践教学体系，全力支撑学校“五育”并举的人才培养体系。

面对智能时代和新质生产力发展的新要求，工程技术中心全面贯彻OBE

理念，构建了基于新工科与智能时代的四层次递进式工程训练教学体系；打造“五育”融合课程体系，优化“工程训练”“工程训练与劳动教育”课程内容，实现工程训练课程对学校所有专业的全覆盖。工程技术中心每年面向全校60余个专业、7000余名学生开展各类实训教学，每年实践教学人时数达40余万。在工程训练项目设置中，有机融入课程思政、美育教育等元素，真正实现“五育”融合。

工程技术中心全力构建“11133”创新创业教育体系，为学校创新教育提供有力支持。着力建设1支创新实践教学团队，重点打造“创新方法与实践”课程，聚焦中国大学生工程实践与创新能力大赛，依托众创空间（西科众创）、“智能+”创新实践班、创新创业类社团群（大学生发明协会、3D打印协会、激光加工协会、创新联合协会等）三大载体，构建应用普及性创新、专业性创新、“智能+”多学科交叉融合创新三层次创新教育体系，打造多学科交叉融合的一流创新教育平台，推动学生创新实践活动高质量开展，全面提升学生创新能力。

工程技术中心带领学生参加四川省大学生工程实践与创新能力大赛

党总支深入贯彻习近平总书记关于劳模精神、劳动精神、工匠精神的重要论述，大力推进劳动教育，打造特色劳动教育品牌。

工程技术中心开设“工程训练与劳动教育”课程，以实训项目为依托，将劳动教育与知识学习、技能提升、创新思维培养、课程思政紧密结合，让学生在实践中锻炼，掌握必备劳动技能，培养创造性劳动能力。此外，工程技术中心持续打造劳动教育品牌，每年举办工程训练劳动技能竞赛，承办“大国工匠进校园”等活动。

砥砺前行　推进国家级中心建设与本科教育发展

党总支始终将工程训练国家级实验教学示范中心建设作为党建工作的重要依托，全力推进一流工程实践与创新平台建设。近年来，党总支持续实施一流平台建设4项计划，即工程训练基地强基计划、创新实践基地专项建设计划、工程文化园特色项目计划、数字化工程训练计划，建成了涵盖基础制造实训车间、先进制造实训车间、智能制造实训室、创新实践基地等在内完善的工程实践与创新平台。该示范中心已成为学校重要的工程共性通识教育基地、实践教学基地、创新教育基地、劳动教育基地、素质教育基地。

近年来，工程训练国家级实验教学示范中心建设成果显著。2023年，工程训练国家级实验教学示范中心顺利通过教育部阶段性总结评估，并于2024年开启提升建设新征程；2024年，机电工程省级虚拟仿真实验教学示范中心通过四川省教育厅检查。

工程技术中心在多个方面为学校一流本科教育提供有力支撑。作为实践教学条件观测点和重要支撑，助力学校通过2023年本科教育教学审核评估；有力推动工程教育专业认证，助力学校10个专业通过中国工程教育专业认证，在省属高校中成绩突出；助力一流本科专业建设，推动学校获批38个国家级、省级一流本科专业建设点；助力学校提升学科竞赛排名，近年来学校在学科竞赛排名中位居全国百强、省内前列，工程技术中心牵头的中国大学生工程实践与能力大赛贡献突出；推动学校创新创业教育发展，助力学校获批“四川省首批深化创新创业教育改革示范高校”“省级创新创业学院建设单位”。

工程技术中心在教学成果方面成绩斐然。近年来，工程技术中心荣获3项省级教学成果奖，主持23项省级以上教改项目，主编出版10余部教材；获批3门省级精品课程、3门省级一流课程，建成2门在线开放课程，获1本省级规划教材；教师指导本科生发表40余篇论文，获得33项授权国家发明专利。在教师的悉心指导下，学生在各类课外科技竞赛中屡获佳绩，共获得236项包括中国国际大学生创新大赛铜奖、中国大学生创新大赛国家一等奖在内的省级及以上科技竞赛奖，参与30项国家级、省级大学生创新创业项目。工程技术中心负责的学校“智能+”创新实践班培养效果显著，本科生升学率保持在60%以上。

未来，工程技术中心党总支将继续深入学习贯彻习近平新时代中国特色社会主义思想和习近平总书记关于教育的重要论述，以学校第五次党代会为契机，全面推进工程训练国家级实验教学示范中心提升建设。以打造“面向智能时代的一流工程实践与创新平台”为总目标，构建集工程训练、创新实践、劳动教育、素质教育、工程通识教育于一体的开放共享平台，以及“智能+”多学科（专业）交叉融合的实践创新平台，全面支撑学校“五育”并举人才培养体系，助力学校打造一流本科教育，服务学校一流学科建设，为学校“双一流”和特色鲜明的高水平大学建设贡献力量。

（孙富伟）

党建引领铸就创新人才培养高地

◎ 分析测试中心党总支“科研训练班”特色实践案例

党的二十大报告指出，教育、科技、人才是全面建设社会主义现代化国家的基础性、战略性支撑。面对国家“加快建设世界重要人才中心和创新高地”的战略需求，高校作为科技第一生产力、人才第一资源、创新第一动力的结合点，肩负着培养高水平创新型人才的重任。西南科技大学分析测试中心党总支深刻把握这一时代命题，以党建引领为核心，依托多学科公共分析测试平台的优势资源，自2009年起创办大学生科研训练班，探索出一条“党建赋能、技术驱动、产教融合”的特色人才培养路径。经过16年的实践，该训练班已成为学校创新人才培养的示范窗口，累计培养577名拔尖创新人才，为国家战略需求输送了大批优秀的青年科技人才。

强化党建机制 筑牢育人根基

近年来，分析测试中心党总支聚焦创新驱动下的党建育人新使命，积极构建“党建育人”长效工作机制，助推大学生科研训练班学生成长成才，不断提升学生科研创新实践能力。

分析测试中心党总支积极打造“党建+人才”红色品牌，将党建工作与人才培养深度融合。通过党员结对帮扶、主题党日活动、党员示范岗等载体，激发党员教师先锋模范作用。在讲解专业知识时，引导学生关注其在环保、医疗等民生领域的重要意义，培养学生的社会责任感与家国情怀，为学生的成长筑牢思想根基。

党支部书记直接担任训练班负责人，持续构建完善的组织保障体系；联合教务处精准定制既契合专业前沿发展，又融入党建教育内容的训练班课程；与各学院协同合作，整合各方资源，携手做好学生选拔与专业指导工作，为学生提供全方位支持，形成协同育人的良好格局。

创新培养模式　锻造实践能力

训练班面向材料、环境、核能等国家急需学科，从大二、大三学生中精准选拔科研潜力强、政治素养高的“种子选手”，构建“双维度”人才遴选机制。创新“绩效考核+科研潜质评估+党性表现”三维评价体系，通过面试答辩、团队任务等环节，重点考查学生的创新思维与社会责任感。16年来，累计选拔577名学员。

训练班由专业导师团队悉心指导，在先进的科研环境中深入探究课题。学习分为课程学习和实验研究两大阶段：前者涵盖丰富实用的理论与实践课程，包括现代分析测试技术、科学研究方法等，旨在构建科研理论框架并提升实验操作技能，同时注重实验室安全与信息查询等综合素养的培养，并以科研课题为载体强化现代分析测试技术的运用；后者投入价值5000万元的先进设备建成开放共享实验室，与各大院所和企业共建多个实践基地，开发“大型仪器共享预约系统”，引入22名导师。

深化价值引领 打造精神高地

在人才培养过程中，分析测试中心党总支将党建工作深度融入各个环节。在课程教学中，党员教师深入挖掘思政元素，将其与专业知识传授有机结合；在实践教学中，组织多场“科技自立自强”主题研讨，树立榜样标杆，让党员学生在实验、项目开发中发挥带头作用，带动全体学生共同进步；组织学生参与各类社会实践活动，如科技下乡、科普宣传等，增强学生的社会责任感与实践能力。

科技报国育才 党建赋能谱新

近年来，分析测试中心党总支在人才培养方面成绩斐然。所设训练班辐射众多专业，深受科研院所认可，在已毕业的397名学员中，有240余人成功进入国内各个知名高校深造，毕业学员考研率高。学生在国内外优秀期刊发表150余篇论文，申请40余项国家发明专利，负责或参与110余项大学生创新创业等项目，累计270余人次在“挑战杯”、“互联网+”大学生创新创业大赛等各类国家级、省级竞赛中获奖。2023—2024学年，科研训练创新实践班学生共发表14篇学术论文，获得2项授权国家发明专利，负责17项各类国家级、省级、校级大学生创新创业项目，参加校级及以上学科竞赛、创新创业大赛获20项国家级、省级、校级等各类奖项。

学生在科研创新方面表现出色，在导师指导下积极参与科研项目。在材料科学领域，学生运用现代分析测试技术对新型复合材料的研究取得突破，成果在国际知名期刊发表；在环境科学领域，针对环境污染治理问题，借助先进表征水平提出的解决方案，部分已应用于实际生产，为社会发展贡献了力量，提升了学校的科研影响力。

以科研训练班为依托，分析测试中心党总支积极开展社会服务。与企业合作解决技术难题，如帮助化工企业建立高效产品质量检测方法，提高企业生产效率与产品质量。同时，组织学生开展科普宣传活动，提升公众科学素养，彰显了高校服务社会的职责，提升了学校的社会声誉。

分析测试中心党总支一直以来致力于党建引领创新人才培养，通过“组织共建、资源共享、人才共育”的党建协同机制，破解了传统培养模式中党建与业务“两张皮”的难题。创新培育大学生科研训练班的经验做法，生动诠释了新时代高校党组织“为党育人、为国育才”的使命担当，积极将科技报国信念融入培养全过程，实现了知识传授、能力培养与价值塑造的有机统一。未来，分析测试中心党总支将持续强化党建引领，推进党建与事业融合发展，以大学生科研训练班为核心，优化人才培养模式，提升师资水平与教学科研质量，拓宽社会服务领域，为高等教育事业发展注入新活力，让这张人才培养特色名片持续闪耀。

（刘海峰　赵　多）

立德树人铸新魂　红星领航育新人

◎ 经济管理学院“红星领航”工作室创新实践

在以立德树人为根本任务的指引下，新时代的高校思想政治教育面临新要求、新挑战。青年学生思想活跃且价值观念多元。红色文化作为中华优秀传统文化和革命精神的结晶，是涵养家国情怀、筑牢理想信念的重要载体。“红星领航”工作室立足红色文化育人目标，以“红色传承育新人，文化赋能铸国魂”为宗旨，聚焦学生思想引领、实践赋能和文化浸润，探索红色文化传播与思政教育深度融合的创新路径。

党建引领　红星赋能
培育“两面同育”育人先锋品牌

“红星领航”工作室紧扣新时代人才强国战略，围绕“红星领航”核心打造师生红星团队，共分为3个大团队、6个小组。理论研究团队以成员的专业化促进理论研究走深走实，红星团队以成员的全面化赋能红色文化辐射面扩散，红色宣讲团队则师生携手共同传播党的声音，将党课融入日常，化作经常。

在育人模式方面，红星团队以红色文化传播为抓手，依托“红心萌动、红星赋能、红心铸魂”三维发力，发挥红星育人先锋力量，促进正确意识形态在学院学生中生根发芽的同时，助力续航党、团、队育人链条，让青年在红色文化传播的过程中实现全面成长。目前，该工作室已培养60余名红星榜样，斩获10余个国家级、省级称号，摘取375余个国家奖学金、省级优秀志愿者等奖项，带动学生主持/参与80余项科研课题，发表48篇学术论文，直博人数占7.7%，保研人数约占75.4%，考公“上岸”人数占11.5%，实现升学就业双示范，以标杆发挥从众模仿效应，驱动红心萌动。

在推广模式方面，“红星领航”工作室依托党建引领核心，构建1+4+N推广模式，积极推动党建品牌政治引领、队伍培养、实践锻造、组织带领作用衔接贯通，从模式输出、文化自信等方面出发，设计差异化推广策略，覆盖学校、社区、红色景区、同类工作室等四大场景，打破了传统工作室发展的局限。当前的工作模式已推广至绵阳师范学院等省内多所高校。

双线赋能　矩阵融创
锻造“三二协同”红色根脉传承范式

在“红星领航”工作室运营中，学院利用“三二协同”（三维矩阵、两个方向）布局模式，打破传统红色育人模式，守好“红色根脉”。依托“寻听说读走”五大载体，构建由点到面的传播模式，在不拘一格的传播形式中，工作室实现了从基地到家庭再到社会，让红色思政教育走进千家万户的目标。

在线上思政方面，基于“三维协同”红色基因融创矩阵，工作室依托新媒体与数字博物馆进行红色思政教育。一是建立“两微一端”共计4个账号，同步开展“听，榜样”等线上品牌活动，横向扩大红色文化传播广度；二是以红色景区、博物馆等为基础，打造网页、APP两端协同的40余个红色虚拟仿真课程，实现跨地域的红色文化体验，纵向加深红色文化育人深度；三是构建集育人案例、微视频案例、课程案例为一体的线上案例库，自创150余个高质量案例，案例入库四川省高等院校党建理论研究会优秀案例并获评二等奖。目前，工作室已推动案例库与多个高校对接，为网络思政教育打造了沉浸式区域学习生态。通过融创矩阵，工作室实现了红色文化的广泛传播和线上思政教育的全覆盖，拓展思政教育空间和时间的同时，提升了网络思政的影响力和吸引力，让红色文化由指尖入心间。

在线下思政方面，工作室依托沉浸式、体验式两个方向，开展特色化红色思政育人活动。一是开展沉浸式红色育人，依托合作共建的四大教育基地、四大实践基地，组织3000余名学生定期开展沉浸式参观体验活动，让学生在实地参观革命圣地、红色博物馆等实践中感悟红色精神，增强红色文化储量；二是落地体验式红色育人，建立党员支教团、近邻驿站等可持续接棒的体验式红色实践机制，组织超万名志愿者开展进小学、进社区系列志愿服务，精准匹配三类基地需求，淬炼专属服务模式，相关活动被“学习强国”学习平台、中国网、人民网等20余家媒体公开报道126次。用百余堂特色党课，提升学生线下思政教育的参与度和获得感。目前，“红星领航”工作室已实现学校、社会、自我三方联动，让党课找到家门，让思政教育入脑入心入行。

“红星领航”工作室赴北川中学开展“抗震救灾护生命　万心向党兴家园”主题党课

校地政企 “三融三促”
构建“红链”赋能的产教共育生态

“红星领航”工作室以“红色基因传承+产教深度融合+育才机制创新”为三维支点，系统构建特色化育人生态。通过实施“红色文化浸润工程”实现价值引领全域覆盖，依托“联珠计划”打造产教协同育人共同体，创新“双轨并进”培养模式，贯通党业融合培养链条，形成全员参与、全要素联动、全周期培育的实践范式。

以“三全育人”覆盖十大育人体系。工作室以红色文化育人为核心，以中国共产党人的精神谱系为依托，通过学生群众、学生团员和学生党员三类培养群体，联动学校、学院及专业教师，全员全程全方位地将育人工作贯穿到十大育人体系中，确保红色文化覆盖学生的成长过程，从而有效地将红色文化融入大学生的日常生活和学习中，培养“三气”红色青年。

以“联珠计划”实现校企合作育人。首先，工作室持续探究学生党建工作共建的深度融合，通过校地企党支部“联珠计划”项目，与绵阳市金融工作局等4家企事业单位实行“1+X”的共建形式，通过结对共建机制将优秀学生党员推荐至企业尖端人才储备库，目前已成功帮助45名学生就业。其次，将企业资源、校友资源引入学生培育过程，实现了学生实习岗位的准确对接、专业素养的协同培养，牵头举办多场专题招聘会，年均为学校学生党员提供200余个就业岗位。借助校地企合作优势，工作室聚集企业资源，实现了定点扶贫单位办学物资的精准募集。

两大方阵实现“三融三促”。“红星领航”工作室从党员及专业人才培育两个维度入手，构建了“贯穿党员培养全过程、贯穿专业人才培养全过程”的人才培育机制。一方面，工作室依托已构建的“1+1+3”工作法、“5+1+2”布局模式与“三协同四举措”育人方法，10年间以发展对象培训为切入点，将党课教育贯穿至1.1万余名积极分子与党员培养的全过程。另一方面，借助红色主线与四类课堂的协同效应，工作室将红色文化基因融入1.2万余名学生专业成长的方方面面，全力助力学院2个国家一流专业与3个省一流专业的人才培养。

“红星领航”工作室将始终牢记为党育人、为国育才的使命，矢志不渝地传承中国红色文化历史风采，以红色文化为底色，不断探索思政教育新路径；坚持贯彻落实“1+1+2”工作机制、“三二协同”模式和“红链”赋能生态，将红色基因深植学生心间；全方位传播、全过程体验，让红色文化从校园走向社会，从理论走向实践。未来，工作室将不断完善育人体系，创新传播形式，实现党建和事业发展“一融双高”，携手更多青年学子勇担使命，大胆攻坚，致力创新，开拓新局，共赴红色文化传承与思政教育创新的时代之约。

（郑　莉）

青云报国志　空天展翱翔

◎ 航空航天学院师生党支部构建“党建+”协同育人模式

航空航天学院的历史可追溯至1993年西南工学院与空气动力研究与发展中心联合创办的工程力学专业，承袭多方联合培养的办学传统。30年来，工程力学专业始终秉承“专业对接国防需求、人才服务国家战略”的办学宗旨，依托中国（绵阳）科技城深厚的军民融合资源，于2025年正式组建为高水平研究型学院。航空航天学院师生党支部始终以“为党育人、为国育才”为根本宗旨，将理想信念教育与专业人才培养深度融合，矢志培育心怀“国之大者”、肩扛强国使命的新时代空天英才。

“党建＋学风” 思想武装铸学风之魂

航空航天学院师生党支部坚持以党建为引领，聚焦立德树人根本任务，将党建工作与思想政治教育工作深度融合，深耕责任田，发挥协同力，增强助推力，不断创新构建“党建+”协同育人模式。

党支部坚持把学风建设与高层次创新型人才培养统一，依托乐嘉陵航空航天交叉学科拔尖创新人才班，凝心铸魂；专题召开学风建设会议，提出以制度强学风、以教风促学风、以管理育学风、以考风正学风、以榜样引学风，把学风建设贯穿于建院办学和教育教学全过程，融入基层党建日常活动全方位，形成学院学风建设强大合力；加强学生党团组织建设，开展“学风建设”主题党日活动，拓展学风建设新形式、新内容，形成党建与学风建设双循环的格局，以优良学风助力学生成长成才。

党支部立足党建创新，实施本硕贯通培养模式。与中国空气动力研究与发展中心和中国航发四川燃气涡轮研究院等单位签订人才培养协议，通过“双导师制”联合培养，指导学生在论文选题上紧扣国家战略需求、重大任务，提高人才培养质量。发挥优秀学生党员的模范带头作用，建设“7个1”学生梯队，打造党建与学风建设双循环的内动力。构建“一支部一社团一专业一品牌”特色格局，即1个党支部带领1个社团主攻1个专业方向，打造1个科创竞赛活动品牌。

党支部先后开展了以“四维一体·协同育人：思想政治教育赋能地方高校创新型人才培养全过程探索”“新质生产力背景下，思想政治教育与高层次创新人才培养协同机制研究”“研究生思想政治教育与创新创业教育双向融合的探索与实践”为题的教育教学改革研究，积极探索在党建引领下的航空航天人才培养质量的提升。同时，通过与川渝两地高校航空航天类学院之间的交流与合作，共同培养怀揣空天梦想、勇于担当的新时代青年。

“党建＋文化” 红色文化育空天人才

党支部采取“党建+阵地”模式，打造育人平台，拓宽育人场域。弘扬科学家精神，组织学生党员走进红色阵地和场馆，构建“红色铸魂、蓝色育魂”育人模式。开展情景式教育党课、“红心向党”等系列党建专题活动30余次，开展航天科普宣讲百余场，不断增强学生的使命感和责任感。依托优秀学生颁奖典礼，推出“薪承”计划百人报道工程，宣传学生党员的先进典型事迹。同时，建强课堂教育主阵地，结合大国重器、航天文化等开展课程思政，弘扬载人航天精神。

“党建+就业” 育才举才促办学实效

党支部坚持贯通学生“专业—学业—择业—就业—创业”环节，将“育才—任才—荐才—举才”相统一，落实“就业一把手工程”。学院领导班子定期召开党委会、党政联席会等研究部署就业工作，构建“党建+就业”模式，推动党建与业务双融双促。落实党支部书记负责制，紧盯毕业生党员就业进度。党支部利用“三会一课”开展就业教育，帮助学生党员以择业新观念打开就业新天地。举办“中国航天日”“校友对话”等专题分享，指导学生党员参加全国简历制作大赛、全国大学生职业规划大赛等，不断锤炼求职本领。实施党员帮扶机制，教师党员与困难毕业生结对帮扶，落实“3个3”帮扶举措，确保他们100%就业。推动校企对接，先后在成都联科航空科技有限公司等单位挂牌校企合作基地及教授（博士）工作站，助力企业实现数字化转型。

“党建+服务” 实践历练长专业才干

党支部通过党建活动促进力学基础学科与航空航天产业的深度融合。2025年以来，党支部充分发挥师生党员的专业优势，紧密结合国家战略及区域空天产业需求，积极参与30余项航空航天、国防军工科研项目，成果直接应用于多家大型科研院所飞行器进气系统的研制；与绵军工科研院所共建“燃烧空气动力学研究中心”“四川省航空发动机及燃气轮机叶轮机械工程技术研究中心”等科研平台，凝聚优势力量攻克我国新一代宽域飞行器研发与制造关键技术及基础力学问题。支部党员牵头撰写的《人工智能技术变革趋势及产业发展研究》《我市无人机产业集群高质量发展赋能新质生产力的对策建议》《绵阳高质量发展的对策建议》等多份决策咨询报告，得到省市级领导肯定性批示。

航空航天学院师生党支部始终将红色基因融入血脉，在专业教学中贯穿“两弹一星”精神、载人航天精神的传承，在科研实践中坚守“国之所需、吾之所向”的信念。党支部以“党建引领高质量发展”为核心轴，以“培育团队、打造精品、协同创新、引领成长”为培养理念，构建了“党建+”的协同育人模式，形成了“专业教育与思政育人同频共振”的鲜明特色。未来，航空航天学院师生党支部将持续探索新时代航空航天类人才的思想引领路径，打造具有时代深度的新质空天人才！

（张玉奇）

党建引领　专业赋能　阳光筑梦

◎ 医学院应用心理学党支部党建实践案例

医学院应用心理学党支部有15名党员教师，其中拥有高级职称或博士学位教师比例为67%。党支部始终秉承“党建引领，心理护航”的宗旨，积极发挥党员教师的专业优势，以习近平总书记提出的“不断增强人民群众的获得感、幸福感、安全感”为主要目标和根本任务，结合支部党员心理学的学科特色，发挥专业力量，践行全心全意为人民服务的宗旨。自2024年5月，“阳光驿站”项目启动以来，党支部以“党建+专业服务”为核心，依托应用心理学学科优势，联合校内外资源，构建起覆盖四川60个站点、惠及近6万名儿童的留守儿童关爱服务体系。通过心理疏导、家庭教育指导、文化浸润等多元化服务，支部党员与志愿者团队将党的温暖转化为播撒爱和希望的实际行动，被《中国教育报》誉为“在冬日里‘种太阳’”。

医学院应用心理学党支部党员先锋为社区赋能

党建引领　构建“红色引擎”驱动的服务体系

党支部领航，统筹专业资源。医学院应用心理学党支部充分发挥基层党组织战斗堡垒作用，牵头组建“阳光驿站”专业技术服务团队。团队由医学院党委书记陈昌霞担任负责人，整合心理学、法学、教育学等多学科力量，形成“专家顾问—教师骨干—学生志愿者”三级服务体系。党员教师带头参与项目设计，将留守儿童心理危机干预、家庭教育指导等课题纳入党建重点工作，实现党建与专业深度融合。

党员先锋，下沉服务一线。党员教师翟瑞、何琳琳、张富洪、倪碧丹、魏然、冯春、喻珂、王斌等带领心理健康研究团队深入凉山、巴中等地区，针对不同年龄段儿童设计心理成长方案。例如，他们提出“小学重视适应性、初中重视同一性”的分层干预策略，并通过彝汉双语翻译实现文化适配。指导学生党员蒋蓉，入党积极分子文睿、夏天宇等志愿者骨干，带领团队为行动不便儿童上门送教，将中国儿童少年基金会对口支援的留守儿童关爱“福袋”转化为“心与心的联结”。

建立机制，强化校地协同。党支部与地方政府、妇联、社区建立常态化合作机制，推动“阳光驿站”纳入地方儿童关爱服务体系。通过制定《主题活动指导手册》、编创《阳光驿站之歌》手语版MV，形成可复制的服务模板。

专业赋能　打造“心育+”留守儿童关爱新模式

精准心理干预，破解成长困境。党支部依托心理学专业优势，构建“筛查—干预—跟踪”闭环服务体系，为留守儿童心理健康保驾护航。通过开发儿童心理健康测评工具，对留守儿童进行动态评估，筛查先行确保服务的精准性；针对校园欺凌、亲子关系紧张等问题，设计“旁观者介入”“正念练习”等干预方案，提供个性化个案帮扶；同时以沙盘游戏、情景剧场等团体辅导形式，帮助儿童建立社会支持网络。例如，在2025年4月的专职志愿者培训中，党支部通过沉浸式校园欺凌情景演练，显著提升了志愿者的危机处理能力。

赋能家庭教育，筑牢成长基石。针对留守儿童家庭监护缺失的痛点，支部党员创新开发“家庭教育四阶段模型”，分阶段赋能家庭教育。对处于小学阶段的学生，重点指导家长帮助儿童适应校园生活；对处于初中阶段的学生，聚焦青春期同一性构建，改善亲子沟通；对处于高中阶段的学生，则通过生涯规划指导增强学业自信。这一模式在喜德县火觉莫社区取得显著成效，家长孙吞什布感慨道：“专家的指导让我们学会用正确的方式表达爱。”

文化浸润创新，激发内生动力。党支部将传统文化与心理教育深度融合，设计出文娱融合、益智赋能、艺术疗愈三位一体的特色活动。通过组织剪窗花、写春联等传统手工艺活动，增强儿童的文化认同感；开展“阳光棋趣”“阳光对对碰”线上竞赛，提升儿童的逻辑思维能力；以绘画比赛、歌唱朗诵等艺术疗愈活动疏导情绪，累计收录儿童作品千余件。这些活动不仅丰富了留守儿童的课余生活，更激发了他们追求美好生活的内生动力。

创新实践 从“单向帮扶”到“双向成长”

“阳光能力币”机制激发参与活力。党支部创新设计“梦想候选池”与“阳光能力币”，鼓励志愿者通过服务积累币值，为留守儿童兑换捐赠物资。在培训期间，60名志愿者为3名儿童实现“微心愿”，形成“助人者自助”的良性循环。

数字化赋能扩大服务半径。党支部开发线上心理辅导平台，开展“阳光驿站”云课堂，覆盖偏远地区儿童；利用微信社群建立家长学校，定期推送亲子沟通技巧，累计服务超5000个家庭。

学科交叉深化服务内涵。党支部联合法学院开展儿童权益保护普法活动，与文艺学院共创心理健康主题歌曲，形成“心理+法律+艺术”的立体服务模式。

成效与启示　让党建成为温暖的“光合作用”

社会服务成效。在为期一年多的社会服务中，党支部在四川省一共建立了60个站点，累计开放服务3.4万小时，惠及6万名儿童，其中为8104名留守儿童建立心理档案，开展个案服务超2000例。原创歌曲《阳光驿站之歌》手语版MV成为站点精神标识，项目获《中国教育报》《教育导报》等媒体报道40余次，形成广泛社会影响。

党建经验启示。党支部在实践中总结出三大核心经验：一是以心理学专业能力为根基，确保服务精准触达儿童需求；二是以情景剧场、阳光能力币等创新设计为灵魂，打破传统帮扶模式；三是以校地协同机制与本土人才培养为关键，保障项目长效运行。在现有成效基础上，党支部将继续以习近平总书记提出的“不断增强人民群众的获得感、幸福感、安全感”为主要目标和根本任务，结合支部党员心理学的学科特色，将党的宗旨转化为服务人民的具体行动。未来，党支部将继续深化“阳光驿站”品牌，探索“党建+乡村振兴”新路径，让更多阳光温暖留守儿童。

（陈昌霞）